「保険」のはなし

――保険の加入・見直しの前に知っておくこと

和田正孝
Masataka Wada

メトロポリタン新書

はじめに

私が保険の仕事に携わるようになって、ちょうど20年。その間にさまざまなケースに対応してきました。そして20年を経た現在、私が常日頃思っていることがあります。それは「保険はもらうことが大事」ということです。

よく「保険は保険金が出ないようにできてるんだよ」または、「保険はわざとわかりにくいようにできてるんだよ」といった言葉を聞くと、申し訳ない気持ちになります。そんな時、どんな説明を受けたのだろう、その営業担当者はどんな説明をしたのだろう、と忸怩たる思いに駆られます。加入者のほうでも「何か生命保険に加入していれば大丈夫だろう」と、あいまいな気持ちで加入している方たちを多く見かけます。

保険は、マイホームの次に高い買い物といわれています。「義理」「人情」で入るものではありません。あくまでも、加入者ご本人あるいはその家族の将来の保障のためという確固たる目的のもとで入るものです。

その目的をかなえるために、私はお客様と一緒に考え、保険を設計し組み立てていくことを旨としてきました。私が活動していて一番うれしいのは、「保険に入っていてよかった」「助かった」というお客様の言葉を聞く時です。

本書は、私が約20年の間に得た知識と経験をもとに、賢い保険の選び方・入り方をできる限りわかりやすく説明しようというものです。そのために、身近なエピソードや事例をなるべくたくさん盛り込みました。本書が、保険をもっと身近に感じていただき、賢く活用する術を学んでいただくきっかけとなることを願っています。

目次

〔コラム〕

プロローグ

お客様からよくこんな言葉を聞きます。

「毎年聞いてるんだけど、今、僕の入っている保険の中身ってどうなってるの？」「説明されたときは、理解したつもりだったけど、すぐに忘れてしまうだんよね」

あるときは、こんなこともありました。1年契約の損保の更新の際に、ある男性から相談されました。

「先日、健康診断で大腸にポリープが見つかって、すぐに内視鏡で切除したんだよ」

「それ、今加入している医療保険の手術特約で給付できますよ。すぐに請求しましょう。大腸ポリープの切除でしたら、給付金額は10万円ですよ」

「そうか、てっきり日帰りだし、ポリープの切除で手術給付金をもらえるとは思わなかったよ、それはありがたい」

この後、お客様はもらえると思っていなかった保険金が給付され、手術費用に充てることができました。しかし、私の一言がなければ、この方は手術給付金を手にすることはなかったでしょう。

こんなケースは珍しいことではありません。毎月保険料を払っているにもかかわらず、請求をして受け取るべき保険金を受け取っていない方は少なからずいらっしゃるのではないかと思っています。なぜ、こういったことが起こるのでしょうか。

保険の不払い問題はなぜ後を絶たないのか

1998年の保険の自由化に伴った第3分野保険（第1分野は終身・定期・養老保険など。第2分野は自動車・火災保険など。第3分野は生保・損保の限定のない保険、医療・がん保険なども含む）の解禁によって、保険会社間で生保・損保の領域を超えた競争が激化しました。それにつれて、利益至上主義になり、支払い体制の不備が露呈することとなりました。

不払い問題の原因として保険会社は、「保険商品の募集人が新契約を取り付けるばかりに注力し、顧客に対して適切な商品説明・リスク管理を行わず、その結果、特約などの保障内容などが十分に理解されないまま、保険商品を販売させてしまった」と保険代理店・保険募集人への教育をおろそかにしたことを原因と位置づけ、今後は教育を徹底すると回答しました。

現在は、保険契約の際に「お客様はすべてを理解して保険に加入しましたよね」と、必ず意向確認書を顧客から取り付けることが行われています。私に言わせれば、顧客に責任を転嫁したのと同じことだと思います。

インターネット販売も同様です。あの長い説明文を読ませて「すべてに理解しましたよね」と、「同意します」の欄にチェックマークを入れさせます。実際、お客様に「内容を本当に理解されましたか？」と聞くと、「こんなに長い文章、しかも難しい内容何度読んでもわからないよ」と、ほとんどの人が答えるのが実態です。

現在でもまだまだ、同じようなことが起こっています。

保険料の払い込みが終了し、払い済みのまま、現在でも保険期間が続いているのに、調査の結果すでに死亡していて、保険金を請求していない人が多くいるのが現状です。ただし、保険金の支払いは請求があって初めて行われるもの。保険商品を売る側だけに落ち度を求めても、それでは解決になりません。

インターネット加入に潜む落とし穴

先日も、自動車保険でこんなことがありました。

Ａさんが車を運転中、軽四輪貨物の個人経営の運送屋さんの車にぶつけてしまったとのこと。自分はインターネットで対物保険を無制限で入っているので、安心していたところ、ぶつけた相手から連絡があったのです。「Ａさん加入の保険会社から、車は全損扱いのため５万円のお支払いになります。修理金額の30万円全額はお支払いできません、と言われたんだけど。こちらは仕事に使っているし困るんだよ」という苦情でした。

対物賠償保険の場合、対物超過修理費用という特約があります。対物超過修理費用特約とは、対物賠償で補償されない時価額を超えた分を、最高50万円を限度に支払うというものです。Aさんは自分自身でインターネットから加入したため、そんな特約があったことを知らなかったのです。その後、Aさんに会ったときに、「あの事故はどうしましたか?」と聞いたところ、「保険会社は時価額が5万円なので、それ以上は支払ってくれません。どうにもなりませんでした」とのことでした。

「時価額」とは、損害を受けた車と同一車種・同年式・同程度(走行距離・車検残など)の車両の中古車市場の流通価格です。「全損」とは、その車の時価額を超える修理費用がかかった場合などを意味するもので、保険会社はその車の最大評価がこの時価額にあたるため、それ以上は保険金を出さないのです。

税法上の減価償却では、軽四輪・貨物トラックなどは4年間、乗用車でも6年間です。それ以上は自動車保険では、新車価格の10%を時価額としています。

Aさんによると、その後も事故相手があまりに何度も電話をかけてくるし、自分自身の不注意が原因の追突事故で、すべて自分の責任との負い目もあったので、修理費用と保険から出た5万円の差額費用25万円を自腹で支払ったとのことでした。せっかく自動車保険に加入していたのに、これでは意味がありません。

このケースも保険の内容をきちんと理解して加入しなかったことが原因で起こったことです。インターネットでの加入には、こんなリスクもあることを念頭に入れて、保険料が安いからといって安易に加入手続きをする前に、これで納得というところまで、保険内容を十分にチェックする必要があります。

とはいえ、普段、保険のことをほとんど考えずに暮らしている方々に、にわかに保険の知識を持て、と言っても酷なことです。

大事なのは加入するときだけではない

保険は入って安心、それで終わりというわけではありません。冒頭に述べたように「保険はもらうことが大事」なのです。保険に加入した時を入り口としたら、保険金請求という出口があります。特に生命保険の死亡保険金の場合は、加入者本人が死亡した時に請求するものですから、本人がどんな保険に入っていたかなど、家族が前もって把握していることが大切です。

さらに、必要な時に保険金を受け取れる保険になっていることが重要です。

生命保険でも、こんなことがありました。

Bさん（58歳・男性）が、肺がんとの連絡をいただきました。どうも末期がんとのことでした。がん保険に加入なさっていましたので、保険金請求等の手続きをしました。もう15年くらい前でしょうか。そのとき生命保険のお話もさせていただき、「内容だけでも確認してはいかがですか？」と提案したのですが、Bさんのお姉さんが生命保険の外交員をしているので大丈夫です、との返事でした。そのとき加入されていたのは、Bさんが保険金額３０００万円で、奥様も一緒に死亡保障と医療保障がある夫婦タイプでした。保険料は月々２万４０００円くらいで、身内だから安くて良い保険を提案してくれているから、と安心されているようでした。

保険をよくわかる人にはピンとくると思います。定期保険特約付きの更新タイプの夫婦型だな、と。その当時、Bさんは43歳、夫婦二人なら安く、保険金額も3000万円で、納得されていた様子でしたので、「それなら安心ですね」と申し上げ、それ以後あえて提案はしませんでした。

その後、Bさんは亡くなられたのですが、その半年くらいたった頃、奥様から連絡をいただきました。奥様自身が生命保険に入りたい、とのお話でした。

Bさんのお姉さんは保険外交員をすでに辞めていましたが、そのあとも保険は一度自動更新して続けていたそうです。Bさんが亡くなって保険金は支払われたのですが、主契約者のBさんに保険金額が支払われたことにより、その保険は終了となりました。ですから、奥様の保障も終了となったわけです。

現在、奥様もBさんと同じ歳の58歳、たまたま奥様は58歳でも健康でしたので、終身保険と医療保険に加入していただきましたが、万一保険に入れないような健康状態でしたら、保険に加入できないところでした。私があの時ちゃんとアドバイスしていれば、あの当時、奥様は43歳の保険料で加入できたのに、と後悔しきりでした。

結婚した、子どもが生まれた、子どもが高校、大学に入学した、子どもが就職して独立した、定年を迎えたなど、それぞれのライフステージごと、あるいは人生の転換期に生命保険も見直しが必要となります。そして、必要な時に保険金が受け取れる保険にしておかなければなりません。

ですから、保険は加入したからもう安心、ということはないのです。

保険って難しい、だからこそ保険の代理店を活用してほしい

数ある保険商品の中から、どの保険を選択して契約するかは、最終的には本人の判断なのですから、あとになって「こんなはずでは」といったことが起こらないように、そのときどきで賢い選択をしていくことが保険に加入する側にも求められます。その選択の中には、どの保険にどのタイミングで入るかということのほかに、どこを

窓口に選ぶということも含まれ、それが後々になって効いてくるのです。

いつでも相談ができて、そのときどきに応じた適切な提案とアドバイスをしてくれる道案内人、保険金請求までの道案内人、つまり保険のプロが身近にいるに越したことはありません。

今は、保険に加入するのも、生命保険の営業職員、保険専門の代理店や保険ショップ、あるいは銀行、郵便局、自動車販売のディーラー、生協を通して手続きする方法もあれば、インターネットで簡単に手続きする方法、資料請求をして自分で書類を郵送して手続きが完結する方法など、手続きの窓口も、手続きの方法もさまざまです。

とはいえ、自動車販売のディーラーや銀行などの職員が、保険のすべてを理解していると思いますか？　本職の自動車販売や銀行業務で精いっぱいのはずです。また、最近流行の保険ショップですが、20年後に保険を見直したいときに、そのショップがあると思いますか？　あるいは、その担当者はその頃、そのショップに在籍しているでしょうか？

ただ、そうは言っても、インターネット経由なら安い。保険ショップに行けば、すべての保険料を比較できる。保険料は安いに越したことはない。

そうですよね。そうお考えのあなた、まずは、本書を読んでから、加入、見直しを検討してみてはいかがでしょうか？

第一章　保険に加入する前に、まずは知っておきたい基礎知識

保険の具体的な選び方、見直しの考えについて説明する前に、まずは知っておきたい基礎知識について、見てみましょう。

1．保険をめぐる現状

(1) 現在の生命保険加入率

生命保険文化センターの「平成25年度生活保障に関する調査」によると、男性80・9％、女性81・9％と、8割の方が生命保険に加入され、男女とも40代、50代が高くなっております。

(2) 生命保険平均加入保険金額

同平成25年度生活保障に関する調査によると、男性1882万円、女性876万円です。男女とも40代が最も高く、男性で２４６０万円、女性で１０３２万円。

（３）生命保険支払い実績（生命保険協会資料平成25年度より）

死亡保険金支払い件数１００万件、支払い保険金額２兆７３３２億円。
平均すると、２７３万円が平均支払い実績です。

以上のことを踏まえると、自分は保険金額２５００万円の生命保険に加入していると思っていた方が、実際には２７３万円しか保険会社から支払われなかったということが言えると思います。極端な言い方と言われてしまうかもしれませんが、多くの男女が高額な保険金額の保険に加入しているにもかかわらず、実際には支払い金額が極端に少ないことは歴然とした事実なのです。

では、なぜ２７３万円という低い金額になってしまうのか？　そこを理解していることが、大切なのです。

（4）平均余命

「平均余命」とは、ある年齢に達した人において、その後における生存年数の平均を言います。

平成26年7月の発表で、日本人の平均寿命が初めて80歳を超えて、男性80・21歳、女性86・61歳になりました。

生存余命表（表1）をご

表1　日本人の平均余命

《 0歳の平均余命＝平均寿命 》

年齢	男			女		
	平均余命	死亡率	生存数	平均余命	死亡率	生存数
0歳	80.21年	0.23%	10,000人	86.61年	0.20%	10,000人
40歳	41.29年	0.11%	9,811人	47.32年	0.06%	9,891人
45歳	36.55年	0.18%	9,745人	42.49年	0.10%	9,852人
50歳	31.92年	0.29%	9,638人	37.74年	0.16%	9,791人
55歳	27.44年	0.46%	9,470人	33.07年	0.23%	9,701人
60歳	23.14年	0.73%	9,211人	28.47年	0.32%	9,575人
65歳	19.08年	1.17%	8,804人	23.97年	0.49%	9,393人
70歳	15.28年	1.79%	8,206人	19.59年	0.74%	9,126人
75歳	11.74年	2.87%	7,359人	15.39年	1.28%	8,713人
80歳	8.61年	5.25%	6,100人	11.52年	2.52%	7,999人
85歳	6.12年	9.30%	4,300人	8.19年	5.02%	6,729人
90歳	4.26年	15.66%	2,308人	5.53年	10.21%	4,724人
95歳	2.94年	24.31%	807人	3.66年	18.10%	2,335人
100歳	2.02年	35.51%	149人	2.36年	29.71%	654人

資料：平成25年簡易生命表（厚生労働省統計情報部）より

覧ください。男性80歳の方でも1万人に対して、6100人の方は生存され、女性の80歳時点にいたっては、1万人中、7999人の方が生存されています。

生命保険（死亡保険）は、万一の時、つまり死亡したとき初めて、保険金が受け取れるもの。80歳満期の保険をかけても、80歳の時点で、半分以上の方が保険金を受け取れないということです。

最近の生命保険関連の本の中で、「保険は定期保険だけでいい」といった見解を示されているのを見かけますが、果たしてそうでしょうか？

定期保険とは、銀行の定期預金と勘違いされている人がいらっしゃいますが、10年間・20年間・60歳まで、など、定期間の保障をする保険です。保険期間が終了すると、解約金はなくなります。よくある掛け捨てタイプの定期保険がこれにあたります。

多くの人が加入しているのが、10年の定期間を保障する保険です。例えば30歳で10年の定期保険に加入したとして、40歳の死亡率は0・11％。すなわち、99・89％の確率で、あなたは41歳の誕生日を迎えられるということです。

いくら安いといっても、99・89％の人は、掛け捨てたことになるのです。だから、保険会社はやっていけるとも言えるのですが。

決して、掛け捨ての定期保険が悪いとはいいませんが、私がここで言いたいのは、単純に保険料が安いという観点のみで保険を選ぶのは、賢明な考え方ではないということです。保険金額３０００万円を一生涯保障する保険に加入すると、非常に高い保険料を支払っていくことになり、加入を躊躇しますが、一生涯を保障する終身保険と、高額保障を安く手に入れられる定期保険の両方にバランスよく入ることは十分に検討に値することだと考えます。

2. 世界でも優れた日本の社会保険制度

現在、保険を検討されているあなたも、すでに優れた保険に入っているのではないですか？

それが、国の社会保険制度であり、多くのみなさんが自動的に加入している健康保険、国民健康保険、国民・厚生年金保険、介護保険、労災保険などがそれに当たります。

(1) 公的医療保険

① 「健康保険」「国民健康保険」

医療保険に入る前に知っておきたいこととして、

表2　公的医療保険の自己負担割合

小学校入学前 ※市町村によっては、小（中・高等）学校卒業まで 自己負担分の補助がある	2割
小学校入学後～69歳	3割
70～74歳（一般、市町村民税非課税者） ・昭和19年4月2日以降生まれ ・昭和19年4月1日以前生まれ	 2割 1割
70～74歳（現役並み所得者）	3割
75歳以上（一般、市町村民税非課税者）	1割
75歳以上（現役並み所得者）	3割

ほとんどの人が加入している公的医療保険があります。病気やけがで治療を受けたときにかかった医療費に対して、一定の割合で保険給付が受けられます。年齢によって一定の割合で自己負担が必要です（表2参照）。

②「高額療養費制度」

長期入院など、医療費の自己負担額が高額になることもあります。

このような場合の負担が軽くなるよう、「高額療養費制度」があります。1か月の自己負担額が所定の金額を超えた場合に、超えた部分を請求することによって返還される制度です（表3参照）。負担能力に応じた負担を求める観点から、平成27年1月診療分から70歳未満の区分が細分化されました。

ただし、入院の際の食事代（1食260円）、個室等の差額ベッド代・先進医療費（※）などは高額療養費制度の対象外になります。さらに、医療費負担が高額になった場合に、「多数該当世帯の負担軽減」「長期高額特定疾病患者の負担軽減」「高額介護合

表３　高額療養費の自己負担限度額

70歳未満（平成27年１月診療分～）

所得区分	自己負担限度額（月額）
年収約1,160万円～ 健保：標準報酬月額83万円以上 国保：基礎控除後の総所得金額が901万円超	252,600円+ （総医療費-842,000円）×１％ 〈４か月目～：140,100円〉
年収約770万～約1,160万円 健保：標準報酬月額53万～79万円 国保：基礎控除後の総所得金額が600万～901万円	167,400円+ （総医療費-558,000円）×１％ 〈４か月目～：93,000円〉
年収約370万～約770万円 健保：標準報酬月額28万～50万円 国保：基礎控除後の総所得金額が210万～600万円	80,100円+ （総医療費-267,000円）×１％ 〈４か月目～：44,400円〉
～年収約370万円 健保：標準報酬月額26万円以下 国保：基礎控除後の総所得金額が210万円以下	57,600円（定額） 〈４か月目～：44,400円〉
低所得者（住民税非課税）	35,400円（定額） 〈４か月目～：24,600円〉

70歳以上

所得区分	自己負担限度額（月額）	
	通院 （個人ごと）	入院および通院 （世帯単位）
現役並み所得者（年収約370万円～） 健保：標準報酬月額28万円以上 国保：課税所得145万円以上	44,400円	80,100円+（総医療費-267,000円）×1％ 〈４ヵ月目～：44,400円〉
一般（～年収約370万円） 健保：標準報酬月額26万円以下 国保：課税所得145万円未満※または収入合計金額が520万円未満、一人世帯は383万円未満	12,000円	44,400円
市町村民税非課税者（低所得世帯）	8,000円	24,600円（年金年収約80万円以下等、15,000円）

※基礎控除後の総所得金額が 210 万円以下も含む。

[例えば 35 歳、年収 370 万円の場合、100 万円の治療費に対して、３割負担の 30 万円を病院に支払った場合]

自己負担の上限額は

80,100 円＋(1,000,000 円－ 267,000 円）× 1 %＝87,430 円

病院に支払った 30 万円－ 87,430 円＝212,570 円

212,570 円は高額療養費で支給され、自己負担額は 87,430 円になります。

算療養費」などの負担軽減措置があります。

※「先進医療」とは、厚生労働省が認めた高度な医療技術。特定の大学病院などで研究・開発された難病などの新しい治療・手術などの中で、公的医療保険の対象にするかを評価する段階のもので、平成25年9月1日現在、110種類が認められています。

今のところ、先進医療の技術料は「全額自己負担」です。

先進医療にかかる技術料（例）1件あたり平均額

■陽子線治療　258・6万円　■重粒子線治療　303・7万円

■多焦点眼内レンズを用いた水晶体再建術　51・3万円

■腹腔鏡下子宮体がん根治手術　52・5万円

■硬膜外自家血注入療法　3・5万円

（厚生労働省第14回先進医療会議資料・平成25年度実績報告より計算）

③「傷病手当金制度」

傷病手当金は、「健康保険」に加入している会社員が病気やけがで会社を休まざるを得ない場合、4日目以降から最長1年6か月、標準報酬日額の3分の2の傷病手当金がもらえる制度です。

ただし、「国民健康保険」は対象外です。自営業者の方には、この制度に代わるものとして、所得を保障するタイプの保険、「就業不能保険」「所得補償保険」（42・127頁参照）があります。

（2）公的年金制度「国民年金」・「厚生年金」・「共済年金」・「遺族年金」

公的年金制度には、老後の年金だけではなく、被保険者が死亡した場合、遺族に給付される「遺族年金」が含まれております。平成26年4月改定によって、父子家庭へも支給されることになりました（表4－1参照）。

また、遺族年金の受給と年金額は自営業世帯（国民年金）、サラリーマン世帯（厚

表４－１　遺族年金の改正（平成 26 年実施）

遺族年金には遺族基礎年金、遺族厚生年金、遺族共済年金の３つがあります。亡くなった人の職業（自営業・サラリーマン・公務員）によって、どの遺族年金がもらえるか、遺族年金をもらえる遺族の範囲や年金額も異なります。

平成 26 年４月に実施された遺族基礎年金の改正で、以下のように変更されました。

〈遺族基礎年金が父子家庭へも支給されます〉

平成26年３月まで、遺族基礎年金を受給できるのは「子どものいる妻」か「子ども」に限られていました。それ以前は、夫は受給できませんでした。この男女差を解消するため、「子どものいる妻」が「子どものいる配偶者」に変更され、父子家庭も受給できるようになりました。

ただし、実施日以降に該当した場合に限ります。実施日前に既に父子家庭であった場合には、遺族基礎年金は受給できません。

なお、遺族厚生年金は従来と同様、子どものいない夫も受給できますが、年齢条件があります。

<table>
<tr><th colspan="4">夫が受け取る遺族年金</th></tr>
<tr><th colspan="2">変更前</th><th colspan="2">変更後</th></tr>
<tr><th>遺族基礎年金</th><th>遺族厚生年金</th><th>遺族基礎年金</th><th>遺族厚生年金</th></tr>
<tr><td rowspan="2">×</td><td rowspan="2">△</td><td>○
子どものいる夫</td><td rowspan="2">△</td></tr>
<tr><td>×
子どものいない夫</td></tr>
</table>

△…妻の死亡時に 55 歳以上の夫に支給されるが 60 歳までは支給停止。ただし、遺族基礎年金を受けとれる夫（子どものいる夫）で妻の死亡時に 55 歳以上の場合は、60 歳までの支給停止は行われず、60 歳前でも遺族厚生年金を受け取れる。

（注１）：「死亡当時、生計を維持されていた」と認められるための遺族の年収 850 万円未満という基準は変わらない。

（注２）：子どもとは、18 歳到達年度の末日までの子ども、または 20 歳未満で１、２級の障害状態にある子ども。

表４－２　遺族年金の受給と年金額のめやす

※年金額は平成26年度価額

	自営業世帯 （国民年金）	サラリーマン世帯 （厚生年金）	公務員世帯 （共済年金）
遺族年金受給対象者	自営業など国民年金に加入している人に生計を維持されていた遺族	サラリーマンなど厚生年金に加入している人に生計を維持されていた遺族	公務員など共済年金に加入している人に生計を維持されていた遺族
	（1）子どものいる妻・夫 （2）子ども ※子どものいない妻・夫はもらえない。子どもがいる場合も全員が18歳の年度末を過ぎる（高校を卒業する）ともらえなくなる	（1）妻、夫、子ども （2）父母 （3）孫 （4）祖父母 ※子どものいない妻・夫ももらえる。妻を除いて年齢条件あり	（1）妻、夫、子ども （2）父母 （3）孫 （4）祖父母 ※子どものいない妻・夫ももらえる。妻を除いて年齢条件あり
もらえる年金の種類	遺族基礎年金	遺族基礎年金 遺族厚生年金	遺族基礎年金 遺族共済年金
年金の受け取りケース（妻が受け取る場合）	遺族となった妻に子ども（18歳到達年度の末日までにある子どもをいう、以下同様）がいれば受け取れるが、子どもがいなければ受け取れない。	遺族基礎年金の受給可否は自営業世帯と同じ。 遺族厚生年金は子どもの有無に関係なく妻は一生涯受け取ることができる（ただし、子どものいない30歳未満の妻は5年間の有期年金）。	厚生年金の場合と同様だが、遺族共済年金は職域年金相当分の４分の３が加算されるため、遺族厚生年金よりおよそ２割程度年金額が多くなる。
子どものいる妻の場合　子ども3人の期間	年額1,291,700円	年額1,876,900円（遺族基礎年金を含む）	年額1,993,900円（遺族基礎年金を含む）
子どものいる妻の場合　子ども2人の期間	年額1,217,600円	年額1,802,800円（遺族基礎年金を含む）	年額1,919,800円（遺族基礎年金を含む）
子どものいる妻の場合　子ども1人の期間	年額995,200円	年額1,580,400円（遺族基礎年金を含む）	年額1,697,400円（遺族基礎年金を含む）
	※子どもが全員18歳到達年度の末日を迎えた妻は、子どものいない妻と同様の扱いになる。		

左頁の表につづく

生年金）、公務員世帯（共済年金）によって違いますので、注意が必要です（表4－2参照）。

　例えば、サラリーマン（平均月収約35万円）で子どもが2人いる妻の場合、子どもが18歳になるまで年額約180万円を受給できます。

　つまり、月に約15万円の給料が支払われるのと同じことです。

　最近はやりの収入保障保険（88・157頁参照）に加入する場合、加入者が亡くなったと

		自営業世帯（国民年金）	サラリーマン世帯（厚生年金）	公務員世帯（共済年金）
子どものいない妻の場合	妻が40歳未満の期間	なし	年額585,200円	年額702,200円
	妻が40～64歳の期間	なし	年額1,164,900円（中高齢寡婦加算を含む）	年額1,281,900円（中高齢寡婦加算を含む）
	妻が65歳以降の期間	年額772,800円（老齢基礎年金）	年額1,358,000円（妻の老齢基礎年金を含む）	年額1,475,000円（妻の老齢基礎年金を含む）

（注1）：子どもは18歳到達年度の末日までの子どもの他に、20歳未満で1級・2級の障害状態にある子どもも含む。
（注2）：「死亡当日、生計を維持されていた」と認められるためには、遺族の年収が850万円未満であることが必要。

計算条件
（1）死亡したサラリーマン（公務員）の夫の平均標準報酬月額は35万円、加入期間を25年（300月）として計算
（2）平成15年4月以降は総報酬制の適用を受けるが、ここでは賞与総額が全月収の30%として計算
（3）妻は40年間国民年金に加入し、老齢基礎年金を満額受給するものとして計算
（4）経過的寡婦加算は含まない
（5）公務員世帯（共済年金）の支給額は、死亡の原因が公務や通勤災害によらない場合の金額

して、1か月30万円で家族が生活できるのであれば、収入保障保険は月15万円の保険に加入すればよいのです。

また、子どもが小さくても、月5万円くらいはパートで稼げるのであれば、収入保障保険はさらに5万円引いた月10万円の保険に加入すればよいのです。

(3)「公的介護保険制度」

1997年(平成9年)制定の介護保険法に基づき、2000年(平成12年)4月から施行された社会保険制度です。40歳以上の人が全員加入して介護保険料を納め、

表5-1 公的介護保険で受けられる介護サービスの種類

公的介護保険から受けられる介護サービスの種類は、大きく分けると次のように区分されます。

要支援1~要支援2の人 介護予防給付	要介護1~要介護5の人 介護給付
●自宅で生活しながら受けるサービス ●施設などを利用して受けるサービス ●介護の環境を整えるためのサービス	●自宅で生活しながら受けるサービス ●施設などを利用して受けるサービス ●介護の環境を整えるためのサービス ●施設に入所して受けるサービス

表５－２　要介護度別の身体状態のめやす

		身体の状態（例）
要支援	1	**要介護状態とは認められないが、社会的支援を必要とする状態** 食事や排泄などはほとんどひとりでできるが、立ち上がりや片足の立位保持などの動作に何らかの支えを必要とすることがある。入浴や掃除など、日常生活の一部に見守りや手助けが必要な場合がある。
要支援	2	**生活の一部について部分的に介護を必要とする状態** 食事や排泄はほとんどひとりでできるが、ときどき介助が必要な場合がある。立ち上がりや歩行などに不安定さが見られることが多い。問題行動や理解の低下が見られることがある。この状態に該当する人のうち、適切な介護予防サービスの利用により、状態の維持や改善が見込まれる人については要支援２と認定される。
要介護	1	
要介護	2	**軽度の介護を必要とする状態** 食事や排泄に何らかの介助を必要とすることがある。立ち上がりや片足での立位保持、歩行などに何らかの支えが必要。衣服の着脱はなんとかできる。物忘れや直前行動の理解の一部に低下がみられることがある。
要介護	3	**中等度の介護を必要とする状態** 食事や排泄に一部介助が必要。立ち上がりや片足での立位保持がひとりでできない。入浴や衣服の着脱などに全面的な介助が必要。いくつかの問題行動や理解の低下が見られることがある。
要介護	4	**重度の介護を必要とする状態** 食事にときどき介助が必要で、排泄、入浴、衣服の着脱には全面的な介助が必要。立ち上がりや両足での立位保持がひとりではほとんどできない。多くの問題行動や全般的な理解の低下が見られることがある。
要介護	5	**最重度の介護を必要とする状態** 食事や排泄がひとりでできないなど、日常生活を遂行する能力は著しく低下している。歩行や両足での立位保持はほとんどできない。意思の伝達がほとんどできない場合が多い。

表２、４－１、４－２、５－１、５－２については、公益財団法人生命保険文化センターＨＰ資料を参考に作成

表5－3　在宅サービスの支給限度額
（平成26年4月現在）

要介護度	1か月あたりの支給限度額（自己負担1割）
要支援1	50,030円（5,003円）
要支援2	104,730円（10,473円）
要介護1	166,920円（16,692円）
要介護2	196,160円（19,616円）
要介護3	269,310円（26,931円）
要介護4	308,060円（30,806円）
要介護5	360,650円（36,065円）

※支給限度額は標準的な地域の例。地域によって違います。
※支給限度額を超えた分は全額自己負担。施設における食費や滞在費などは公的介護保険の給付の対象外。

介護サービスが受けられる保険です。65歳以上の人は「第1号被保険者」、40歳～64歳の人は「第2号被保険者」となります。第1号被保険者は、要介護状態になった原因が何であろうと、公的介護保険のサービスを受けることができます。第2号被保険者の場合、老化に起因する特定の病気（16疾患）によって要介護状態になった場合に限り介護サービスを受けることができます（表5ー1、2参照）。

ここでのポイントは、あくまでもサービスであり、お金をもらえるわけではありません。そして、自己負担１割がかかるということです（表５―３）。

例えば、要介護５の認定を受けた場合、在宅サービスは１か月あたり36万６５０円分のサービス（現物給付）を受けられますが、１割の３万６０６５円の自己負担が発生します。月に３万６０６５円はかなりの負担と感じられる方が多いと思います。

（４）自賠責保険

他に公的な保険として、損害保険の分野ですが、自賠責保険があります。自動車による人身事故の被害者を救済するために、加入が法で義務づけられている保険です。対人賠償で被害者一人あたり保険金額の支払い限度額は、死亡３０００万円（重度の後遺障害は４０００万円）、けが治療で１２０万円までの保険となります。

それ以上の対人賠償、対物賠償、搭乗者の補償は任意保険でカバーすることとなります。

3. 任意で加入する保険

任意で加入する保険をおおまかな一覧表にしました（44・45頁参照）。おもな生命保険については第二章に譲るとして、ここでは、その他の保険を簡単に紹介します。

（1）火災保険

火災については、当然国の保険はありませんので、各自で保険に加入しなければなりません。また、火災保険の場合、民法第709条（不法行為による損害賠償）との関係が重要となり、「失火の責任に関する法律」を知っておくことが必要です。

この「失火責任法」などと呼ばれている法律の中で、火災の場合、重大な過失がない限り、民法第709条は適用しないと定めています。

つまり、「故意や過失でない場合、失火の賠償責任はありません」ということです。

隣からもらい火で自分の家が燃えても、隣に損害賠償責任を追及することはできないのです。

マンションで上の階に火災があり、消火作業によって自身の建物・家財が損害を被っても、損害賠償請求はできません。1軒からその近隣、マンション全員の損害賠償はできないだろうという理由です。

ですから、火災保険は各家庭がしっかり入っておかなければなりません。

第五章の2．損害保険のトクする入り方　火災保険の項（167頁～）で詳述していますので、ご参照ください。

(2) その他の任意保険

その他の任意保険で代表的なものをいくつか紹介します。

①個人賠償責任保険……自転車などで他人（第三者）にけがをさせたり、物を壊したりしたときなど、日常生活で賠償責任を補償する保険

②傷害保険……けがの時に死亡・後遺障害・入院だけでなく、入院のともなわない通院だけといった場合も補償してくれる保険

③所得補償保険……病気やけがで入院や通院、自宅療養を行うことで働くことができなくなった場合に一定期間（通常1年から5年・税込年収の60％程度まで）、毎月一定金額を受け取ることができる保険。本人が亡くなった場合に保険金が支払われる収入保障保険とは別。

④自動車保険（任意保険）……自賠責保険（強制保険）は1回の事故、被害者1人ごとに死亡3000万円（後遺障害75万円から4000万円）、けが120万円の保障ですので、自賠責保険で足りない賠償金部分をカバーします。人身事故の場合の死亡・けがの不足部分、対物賠償（自賠責保険では全く保障されません）、自分自身のケガ・死亡、車両保険部分を保障します。

⑤バイク保険……バイク保険も自動車保険と同様です。125cc以下もしくは原

付自転車でしたら、自動車保険にファミリーバイク特約として付保することもできます。

⑥学資保険……教育資金という名目で毎月一定の保険料を支払うことで、満期時期などに給付金として受け取ることができる保険です。

〔生命保険の種類〕

<table>
<tr><td rowspan="9">死亡保険</td><td rowspan="3">定期保険</td><td>定期（平準）保険</td><td>定期間保障される保険</td></tr>
<tr><td>収入保障保険</td><td>万一のことがあった場合、死亡保険金を毎月（毎年）給料のように受け取れる</td></tr>
<tr><td>三大疾病定期保険</td><td>定期間の死亡保障か、もしくは、がん・急性心筋梗塞・脳卒中の時、一時金として受け取れる</td></tr>
<tr><td rowspan="3">終身保険</td><td>終身保険</td><td>一生涯保障される保険</td></tr>
<tr><td>低解約終身保険</td><td>一生涯の保障。払込満了までの解約返戻金が低いことで、保険料が安く抑えられている</td></tr>
<tr><td>三大疾病終身保険</td><td>一生涯の死亡保障か、もしくは、がん・急性心筋梗塞・脳卒中の時、一時金として受け取れる</td></tr>
<tr><td colspan="2">養老保険</td><td>保険期間中は死亡保障を受け取れ、満期の時に保障額と同額の満期金を受け取れる</td></tr>
<tr><td rowspan="2">医療保険</td><td colspan="2">医療保険</td><td>病気とけがの入院と手術を保障。保険期間・入院日数さまざまな種類がある</td></tr>
<tr><td colspan="2">がん保険</td><td>がんの保障。保障の種類は様々。入院が無制限になっていることが特徴</td></tr>
<tr><td colspan="3">学資保険</td><td>教育費を積み立てる目的の保険。親が万一の時に保険料が免除になる保険もある</td></tr>
</table>

表６　保険の種類

〔損害保険の種類〕

<table>
<tr><td rowspan="4">自動車保険</td><td colspan="2">事故相手の損害賠償</td><td>対人・対物と事故相手の損害賠償を補償</td></tr>
<tr><td rowspan="2">搭乗者のケガ保障</td><td>人身傷害</td><td>死亡・後遺症だけでなく治療費・休業損害・精神損害などを補償</td></tr>
<tr><td>搭乗者傷害</td><td>死亡・後遺症・治療費を保険金額の設定額を補償</td></tr>
<tr><td colspan="2">車両保険</td><td>本人の車の損害を補償</td></tr>
<tr><td rowspan="3">火災保険</td><td colspan="2">住宅</td><td>住宅専用の保険。建物と家財に分けられている（火災・自然災害など補償種類は様々）</td></tr>
<tr><td colspan="2">店舗</td><td>店舗・店舗併用住宅。建物・家財・什器・商品などに分けられている</td></tr>
<tr><td colspan="2">地震</td><td>建物と家財の火災保険に特約として付けられる</td></tr>
<tr><td rowspan="4">傷害保険</td><td colspan="2">普通傷害</td><td>けがの入院・通院を補償</td></tr>
<tr><td colspan="2">交通傷害</td><td>交通事故による入院・通院を補償</td></tr>
<tr><td colspan="2">国内旅行</td><td>国内旅行におけるけが・携行品・賠償などを補償</td></tr>
<tr><td colspan="2">海外旅行</td><td>海外旅行のけがだけではなく疾病・携行品・損害賠償などを補償</td></tr>
<tr><td>賠償保険</td><td colspan="2">個人賠償</td><td>第三者への損害賠償を補償</td></tr>
</table>

※自転車保険・ゴルファー保険などは傷害保険と個人賠償保険がセットになっている保険です。

〔生命保険・損害保険どちらでも扱っている保険〕

個人年金	老後の年金を受け取るための保険
介護保険	高度障害などの寝たきりや認知症になった時の介護保障に備えるための保険

Column

生保レディーの発祥と現状

日本の生命保険会社の女性営業外交員、いわゆる生保レディーの発祥は第二次世界大戦に遡ります。

戦中・戦後には、多くの戦争未亡人が残されました。今でこそ、保険料の支払い方法は郵便局や銀行の口座からの引き落としが主流ですが、その頃は各家庭を営業担当者が訪問して集金していました。保険料は年払いから月払いが多くなり、営業職員が不足し、そこに白羽の矢が立ったのが戦争未亡人です。生保レディーは戦争で夫を亡くした女性の就職先だったのです。

現在、だいぶ減ったと言っても、生保レディーと呼ばれる人の数は数十万人。聞いてみると、ノルマはない、2年間は固定給などと勧誘されて働いている方が多いようですが、実態はやはり営業会議等で数字を追求されます。外交員を入れることも仕事のひとつで、月に1〜2名ほど入れることを求められます。また、交通費·ガソリン代·接待費、セールスに使うグッズまで自費で、給料から差し引かれるといいます。

そのうえ3か月くらいの研修で結果を残さなければなりませんから、よほどの営業能力の持ち主でもなければ、長く続けるのには相当な苦労が伴います。

第二章　生保保険の基本型と考えておきたいこと

生命保険はマイホームに次ぐと言ってもいいくらいの大きな買い物です。毎月保険料を払っていくものですから、家計とのバランスも必要ですし、将来を見据えた設定も必要です。この章では、生命保険の基本型と、加入する前に考えておくべきことを解説していきます。

1.「4つのリスク」を考える

まずは、生命保険を考えるときの4つのリスクから見ていきましょう。

①死亡のリスク
万一、一家の大黒柱となる人が亡くなったら、残された家族は経済的支柱を失い、たちまち苦しい状況に追い込まれてしまいます。万一の場合の生活費、教育費、住

居費、そして葬儀費用までも考えておく必要があります。

②病気やけがのリスク

病気あるいはケガで治療したとき、入院したときの費用、入院したときの公的医療保険で賄いきれない諸費用、病院の食事代、入院のための準備費用、または自営業者の方など働けなくなった際の所得補償なども考える必要があります。

③老後のリスク

現在、公的年金は65歳から支給です（厚生年金と国民年金では給付開始年齢に違いがあります）。今後まだ給付開始年齢が延びる可能性があります。退職から年金を支給されるまでのつなぎに備えることも大切です。

また、現在の公的年金での不足の場合は、それを補うことも考えなければなりません。

④介護のリスク

今後、ますます高齢化が進展することは必至です。病気・事故などで寝たきり、高度障害状態になったとき、できるだけ子どもには迷惑をかけたくないが、高齢になって寝たきりや認知症で要介護状態になったときの諸費用をどうするか、など考えておくべきことがあります。

（4つのリスクで必要となるお金）－（公的保険など）＝ 準備すべき保障

生命保険の加入を考える時は、この準備すべき保障の優先順位を考えながら検討していくとよいでしょう。

2．基本は終身保険・定期保険・養老保険の3つ

生命保険というと、亡くなった時に大きな金額の保険が支払われる死亡保険をイメージされると思いますが、生命保険には保障の目的に応じて、死亡保険、医療保険、学資保険など、さまざまな種類があります（44頁表参照）。

基本的に保障期間・解約金の有無などによって、終身保険・定期保険・養老保険の3つに分けられます。そして、保険契約は主契約のみ、あるいは主契約にオプション部分（特約）を付加したタイプがあります。

（1）死亡保険の場合

①終身保険……一生涯の保障があります。
解約返戻金《へんれいきん》があり貯蓄性があります。

解約金は払込期間などによって違ってきます。
低解約型払済み（55歳・60歳・65歳払済み等）
標準型（55歳・60歳・65歳払済み等）
終身払い（亡くなるまで保険料を払い続ける）

払い済みにした場合、払込期間が終了した時点で、解約金は払込保険料の１００％を超えます。保険の中では、一生涯の保障が約束され、保険料の払い込みが終われば１００％以上の解約返戻率になります。

ただし、保険料は定期保険に比べれば高くなります。そのため、よく定期保険との組み合わせになるわけです。

終身保険は何のために必要か？　一生涯必要な死亡保障とは？　それは、死後の整理資金つまりお葬式代＋お墓代（現在２００万円～５００万円）。

よく保険は、〝定期保険だけで十分〟などとする本を見かけますが、必ずしもそうとは言えません。終身保険の良いところは、払い終われば１００％以上の解約金があり、病気などになり、保険料を払うことができなくなったりした場合に、最近、保険の裏ワザテクニックで紹介される、払済み保険（66・１３２頁参照）への変更や延長保険（67頁参照）への変更が可能で、融通が利くことです。また、急にお金が入用になった時の貸付制度（68頁参照）などは、この解約金のあるタイプが有効に使える手段となります。

10年掛け捨ての定期保険では、このようなことはできません。ですから、まずは終身保険を検討されることをおすすめします。

②定期保険……一定期間の保障があります（満期になると解約金はありません）。
10年間・20年間など（自動更新制度あり）。
50歳・60歳・70歳から１００歳（自動更新なし）。

図１　終身保険

有期払込タイプの例

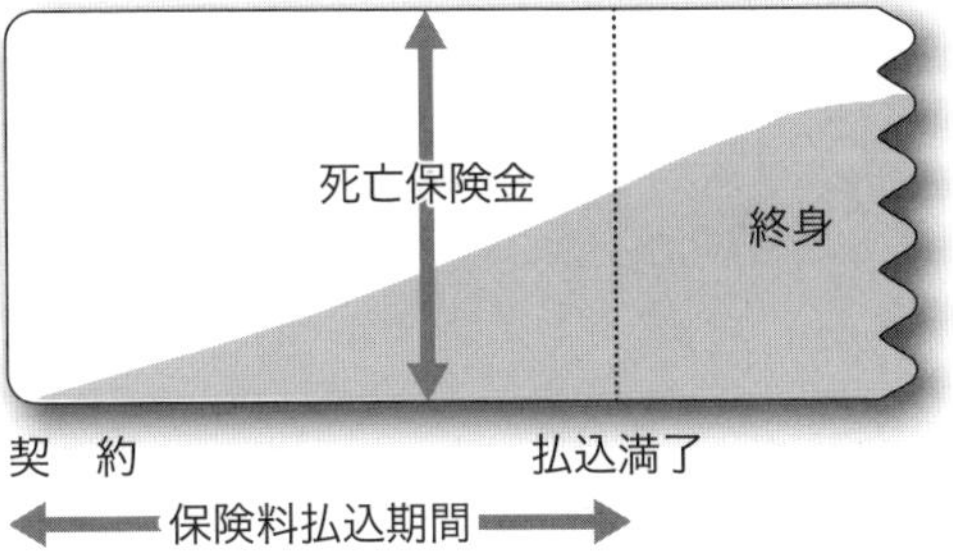

死亡した場合に死亡保険金が受け取れます。保険期間は一定ではなく、一生涯死亡保障が続きます。

保険料の払込期間は 55 歳、60 歳、65 歳と期間が限られています。終身払いの場合は、亡くなるまで払込期間が続きます。

満期保険金はありません。

※グレー部分は、将来の保険金・給付金の支払いに備えて積み立てられる部分（解約返戻金）。

※終身保険の一般的な概念図です。保険会社によって異なる部分もあります。

定期保険は、保険の期間が限定されていますが、保険料は安く抑えられています。ただし、更新のたびに保険料は上がっていきます。

定期保険のメリットは？　安い保険料で手厚い保障内容が約束され、特に必要な期間だけ保険に入ることができる。

定期保険は掛け捨てで、解約金が少ないといったデメリットはありますが、子どもの教育費などがかかる時期、住宅ローンの返済期間、年金が給付されるまでの期間など、突然収入がなくなっては困るときなど、検討をおすすめします。最近では、共働きをして生活費を工面している場合などは、夫だけでなく妻も検討が必要です。

最近では、一度に保険金額を支給されるタイプではなく、給料補償をしてくれる年金タイプで支払われるものもあります（収入保障保険）。

図２　定期保険

保険期間は一定で、その間に死亡した場合のみ死亡保険金が受け取れます。多くの生命保険会社で更新制度のある保険です。

満期保険金はありません。満期になる前であれば解約返戻金がありますが、期間が短い分、終身保険より返戻率はかなり低くなります。

保険金額が保険期間中一定で変わらない定額タイプが一般的ですが、保険料が一定で、契約後一定期間ごとに保険金額が減っていく逓減定期保険や、保険金額が増えていく逓増定期保険もあります。

（定額型の例）

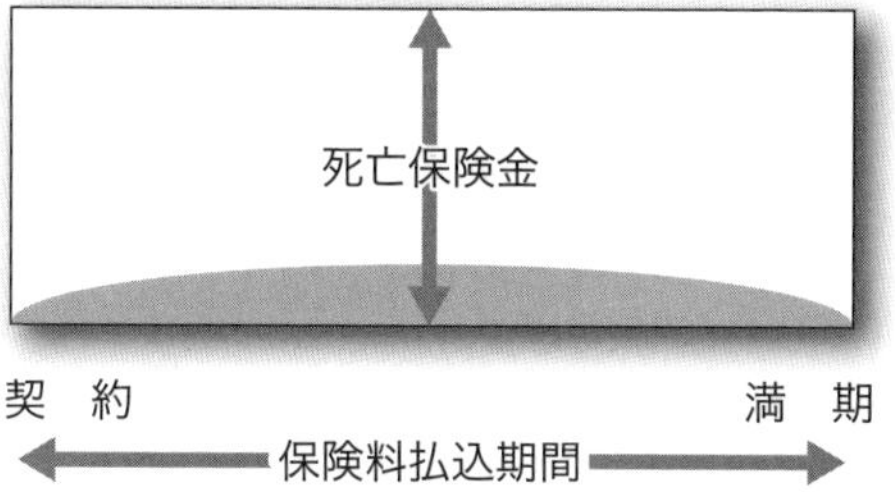

※グレー部分は、将来の保険金・給付金の支払いに備えて積み立てられる部分（解約返戻金）。

※定期保険の一般的な概念図です。保険会社によって異なる部分もあります。

③養老保険……一定期間の保障があります（満期返戻金あり）。

保険を掛けながら貯金もしたいなどの時に、保障と貯蓄を兼ね備えた保険。保険期間は一定で、その間死亡したときには死亡保険金額が、満期時に生存していた時には満期保険金が受け取れます。死亡保険金と満期保険金は同額です。

養老保険にメリットはあるのか？　加入した時から万一の保障があり、なおかつ貯蓄性も兼ね備えている。

養老保険も積立貯金もたいして変わらない、それならいつでも自由に引き出して使える貯金のほうが良いという考え方も当然です。貯蓄の場合、お金を徐々に積み立て、右肩上がりに貯蓄額が増えていきますので、図にすると三角形になります。それに対して、保険は図にすると四角形、つまり加入した時から保障額が受け取れますので、

図３　養老保険

一定の保険期間が定められており、その間に死亡したときには死亡保険金が、満期時に生存していたときには満期保険金が受け取れます。死亡保険金と満期保険金は同額です。保険料には保障部分と貯蓄（積み立て）部分が含まれています。

※グレーの部分は、将来の保険金・給付金の支払いに備えて積み立てられる部分を表しています。

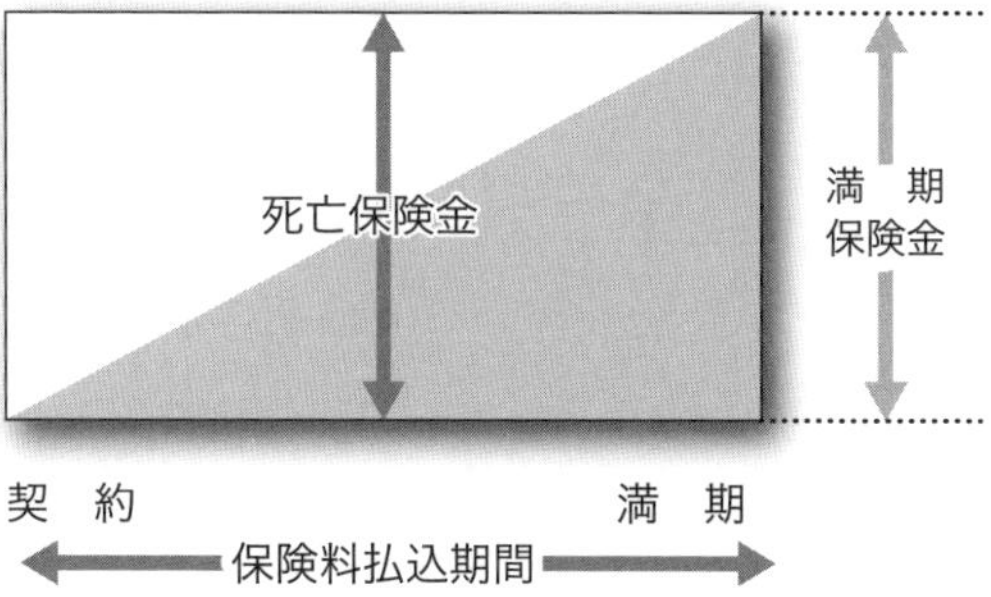

※養老保険の一般的な概念図です。各保険会社によって異なる部分もあります。

万一の保障がなければ困るという方にはぜひ必要と考えます。

保険金額が同額の場合、保険料は養老保険が最も高く、次に終身保険、定期保険となります。

(2) 医療保険の場合

医療保険も終身保険と定期保険があります。終身型の医療保険には「解約金なし」と「解約金あり」のタイプがあり、T保険会社のように、ある一定期間になると、保険金で支払われた額を差し引いて保険料が返ってくる保険まで現れました。

表7～10は、例えば25歳女性が死亡保障500万円・入院5000円/1日(60日型)をそれぞれ、保険の種類を変えて設計した例です。最初の2例(表7・8)は、インターネットから加入の手続きができる保険商品をベースに計算したものです。3

（1）N社 10 年定期保険・終身型医療保険の場合

定期保険料 490 円／月々（10 年更新）

終身医療保険 1323 円　　　　合計 1813 円

75 歳時の累計支払い保険料　　188 万 1996 円

75 歳時解約返戻金　　0 円

返戻率　　—%

表７　インターネット（１）　25歳女性
10年定期保険（保険金額死亡500万円）
終身型医療保険5,000円／１日（60日型）

		定期保険	医療保険	合　計
35歳	保険料	490円	1,323円	1,813円
	保険料累計	64,680円	174,636円	239,316円
	解約金	0	0	0
	返戻率	-	-	-
45歳	保険料	698円	1,323円	2,021円
	保険料累計	148,440円	333,396円	481,836円
	解約金	0	0	0
	返戻率	-	-	-
55歳	保険料	1,214円	1,323円	2,537円
	保険料累計	294,120	492,156円	786,276円
	解約金	0	0	0
	返戻率	-	-	-
65歳	保険料	2,016円	1,323円	3,339円
	保険料累計	536,040円	650,916円	1,186,956円
	解約金	0	0	0
	返戻率	-	-	-
75歳	保険料	4,469円	1,323円	5,792円
	保険料累計	1,072,320円	809,676円	1,881,996円
	解約金	0	0	0
	返戻率	-	-	-

（2）N社 80 歳満了定期保険・終身型医療保険の場合

定期保険 1297 円／月々（80 歳満了）

終身医療保険 1323 円　　合計 2620 円

75 歳時の累計支払い保険料　　160 万 3440 円

80 歳時解約返戻金　　0 円

返戻率　　—%

表８　インターネット（２）　25歳女性
80歳定期保険（保険金額死亡500万円）
終身型医療保険5,000円／１日（60日型）

		定期保険	医療保険	合　計
35歳	保険料	1,297円	1,323円	2,620円
	保険料累計	171,204円	174,636円	345,840円
	解約金	0	0	0
	返戻率	-	-	-
45歳	保険料	1,297円	1,323円	2,620円
	保険料累計	326,844円	333,396円	660,240円
	解約金	0	0	0
	返戻率	-	-	-
55歳	保険料	1,297円	1,323円	2,620円
	保険料累計	482,484円	492,156円	974,640円
	解約金	0	0	0
	返戻率	-	-	-
65歳	保険料	1,297円	1,323円	2,620円
	保険料累計	638,124円	650,916円	1,289,040円
	解約金	0	0	0
	返戻率	-	-	-
75歳	保険料	1,297円	1,323円	2,620円
	保険料累計	793,764円	809,676円	1,603,440円
	解約金	0	0	0
	返戻率	-	-	-

（3）T社70歳払済み低解約型終身保険・終身型医療保険
（使わない保険料が戻るタイプ）の場合
低解約型終身保険6305円／月々（70歳払済み）
終身医療保険2970円　　合計9275円
75歳時の累計支払い保険料　　　　522万2340円
75歳時解約返戻金　　　　　　　591万2800円
返戻率　　　　　　　　　　　　　113.22％

表9　T保険　25歳女性
低解約型終身保険70歳払済み（死亡金額500万円）
終身型医療保険5,000円／1日（入院しなかった場合）70歳まで

		終身保険	医療保険	合　計
35歳	保険料	6,305円	2,970円	9,275円
	保険料累計	832,260円	392,040円	1,224,300円
	解約金	571,000円	199,200円	770,200円
	返戻率	68.6%	50.8%	62.9%
45歳	保険料	6,305円	2,970円	9,275円
	保険料累計	1,588,860円	748,440円	2,337,300円
	解約金	1,157,000円	412,365円	1,569,365円
	返戻率	72.8%	55.0%	67.1%
55歳	保険料	6,305円	2,970円	9,275円
	保険料累計	2,345,460円	1,104,840円	3,450,300円
	解約金	1,808,000円	680,250円	2,488,250円
	返戻率	77.0%	61.5%	72.2%
65歳	保険料	6,305円	2,970円	9,275円
	保険料累計	3,102,060円	1,461,240円	4,563,300円
	解約金	2,543,000円	1,049,630円	3,592,630円
	返戻率	81.9%	71.8%	78.7%
75歳	保険料	6,305円	2,970円	9,275円
	保険料累計	3,404,700円	1,817,640円	5,222,340円
	解約金	4,309,000円	1,603,800円	5,912,800円
	返戻率	126.6%	90.0%	113.2%

※75歳時解約返戻金は70歳までに入院しなかった場合の健康還付給付金が含まれます。入院された時は、給付金額が差し引かれます。

（４）Ｔ社養老保険 65 歳満期・終身型医療保険

（使わない保険料が戻るタイプ）の場合

無配当養老保険 9330 円／月々（65 歳満了）

終身医療保険 2970 円　　　　　合計１万 2300 円

75 歳時の累計支払い保険料　　　629 万 6040 円

75 歳時までに戻る満期金　　　　660 万 3800 円

返戻率　　　　　　　　　　　　104.8%

表10　T保険　25歳女性

養老保険65歳（死亡金額500万円）

終身型医療保険5,000円／１日（入院しなかった場合）70歳まで

		養老保険	医療保険	合　計
35歳	保険料	9,330円	2,970円	12,300円
	保険料累計	1,231,560円	392,040円	1,623,600円
	解約金	1,060,500円	199,200円	1,259,700円
	返戻率	86.1%	50.8%	77.5%
45歳	保険料	9,330円	2,970円	12,300円
	保険料累計	2,351,160円	748,440円	3,099,600円
	解約金	2,204,000円	412,365円	2,616,365円
	返戻率	93.7%	55.0%	84.4%
55歳	保険料	9,330円	2,970円	12,300円
	保険料累計	3,470,760円	1,104,840円	4,575,600円
	解約金	3,551,500円	680,250円	4,231,750円
	返戻率	102.3%	61.5%	92.4%
65歳	保険料	9,330円	2,970円	12,300円
	保険料累計	4,478,400円	1,461,240円	5,939,640円
	解約金	5,000,000円	1,049,630円	6,049,630円
	返戻率	111.6%	71.8%	101.8%
75歳	保険料		2,970円	2,970円
	保険料累計	4,478,400円	1,817,640円	6,296,040円
	解約金	5,000,000円	1,603,800円	6,603,800円
	返戻率	111.6%	88.2%	104.8%

※養老保険 65 歳時の解約金は満期金

※75 歳までの満期金は 70 歳までに入院しなかった場合の健康還付給付金が含まれます。入院された時には、給付金額が差し引かれます。

例目と4例目（表9・10）は、T保険の商品です。

医療保険を組み合わせた例を示しましたが、このように25歳の女性が同じような保障の保険に加入する場合でも、いろいろな選択肢・設計があるということです。現在のあなたの状況や目的に合った保険を選ぶことが大切となります。

(3) 覚えておきたい保険の用語

その前に、最近の保険商品によく使われる言葉や覚えておきたい保険の用語などを紹介します。保険の説明を受けたときに、内容をきちんと理解するためには、ある程度保険の用語を知っておくと心強いと思います。


契約者……………生命保険を契約する人で、保険料を払う人。

被保険者…………保険の保障を受ける人または保険の対象者です。契約者と被保険者が同じ場合も違う場合もあります。

特約……………生命保険は、主契約と特約で構成されています。特約は主契約に付けるオプションです。特約のみの契約はできません。

終身払い終身保険…一生涯保険料を支払いますが、保障も一生涯の保険。

○○歳払済《はらいずみ》終身保険…○○歳まで払込期間を設定し、保険料の払い込みは終了しますが、保障は一生涯続きます。

低解約型終身保険…通常の終身保険に比べて、保険料払込期間中の解約金を低く抑え（通常の70％が多い）、保険料を安くしています。

無解約返戻金型保険…解約返戻金をなくすことで、保険料を低解約型よりもさらに割安にしている保険。

三大疾病…………がん・脳梗塞・急性心筋梗塞（脳梗塞・急性心筋梗塞には条件があります）

払済《はらいずみ》保険…………契約中の保険を解約することなく、「払い込みを終了」させ、保険そのものの契約を残した保険のこと。保険期間は変わりませんが、途中で保険料の払い込みを終了させますので、保険金額は低くなります。同じ種類の保険や養老保険に入り直すこともできます（131頁～）。特約を付けている場合、払済保険にした時点で、特約はなくなりますが、保険料の支払いが難しくなった場合などに、とても有効な方法です。解約返戻金の多い終身保険・養老保険・学資保険などで行われます。

延長保険………契約中の保険の払い込みを中止・解約して得られる解約返戻金を元手に、解約前と同額の死亡保障の定期保険に入り直す方法です。同じ会社の定期保険に入り直しているため「延長定期保険」とも呼ばれます。死亡保障は同額でも元の保険より満期期間は短くなります。掛け捨ての定期保険にしか変更できないので満期保険金もなく、特約も消滅しますが、保険料の支払いが厳しくなったけれど加入中の保障を継続したいと考える人に利用されます。

収入保障保険……定期保険の一つで、被保険者が死亡・高度障害になったりした場合に、遺族が保険金を一括して受け取るのではなく、年金・月給方式で受け取る保険です。保険金は雑所得として、所得税の対象になります。

変額保険………契約者から集めた保険料を、保険会社が株式や債券などで運用し、その運用成績によって保険金や解約返戻金が変動する保険です。経済情勢や特定勘定の資産の運用実績によって大きな保障も期待できますが、一方で株価の低下や為替の変動によってリスクも発生します。

自動振替貸付…解約返戻金の範囲内で、保険料を自動的に生命保険会社が立て替え、契約を有効に継続させる制度です。立て替えた保険料には所定の利息が付きます。未返済のまま満期を迎えたり、被保険者が死亡した場合には、満期保険金・死亡保険金からその元金と利息が差し引かれます。

契約者貸付……契約している生命保険の解約返戻金の一定範囲内で貸付を受けることができます。一般的に、契約者貸付を受けている間も、保障は変わりなく継続し、配当金を受け取る権利も継続します。

生存給付金……生きているときに一定期間ごとに受け取れる保険金。

配当金………保険料は予定死亡率・予定利率・予定事業費率で構成されています。予定と実際の差に剰余金が生じた場合に、支払われる分配金のことです。

満期…………終身保険以外の保険に存在する、保険期間の終わりのこと。

失効…………支払い期日までに保険料の払い込みがなく、猶予期間を経過した場合に、保険契約の効力が失われることです。

転換…………すでに、加入している生命保険を解約して、新たな保険を契約する方法。現在加入している保険で、すでに保険会社に積み立てられていた金額を、新しい保険契約の一時払い保険料として払い込みます。同じ保険会社でなければ成立しない方法です。

（4）保険の加入・見直し時に要注意の保険と言葉

よく加入されている保険の中に「定期保険特約付き終身保険」と「アカウント型保険」がありますが、これは注意が必要です。

①定期保険特約付き終身保険

よく持ち出される例え話に「Lの悲劇」というものがあります。

A夫人が、うちの主人は生命保険に5000万円入っているの、と話していたところ、数年後、夫が亡くなり、妻は途方に暮れましたが、夫が生命保険に5000万円かけていたことを思い出しました。子どもも成長して、残る老後あと何年かは5000万円あれば大丈夫だろうと思っていたところ、生命保険会社に請求したら、なんと300万円しか支払われませんでした。ここで妻がガーン！と驚くという話です。

要するに、定期特約が切れて終身部分しか支払われなかった、ということなのですが、下図のように、この終身保険に10年更新の定期保険が乗っている形がL字に見えることから、A夫人のようなケースを「Lの悲劇」と呼んでいます。

この「10年更新型の終身保険」は未だによくみられます。

保険の主契約が300万円の終身保険ですから、保険証券には終身保険と記載されています。そのため

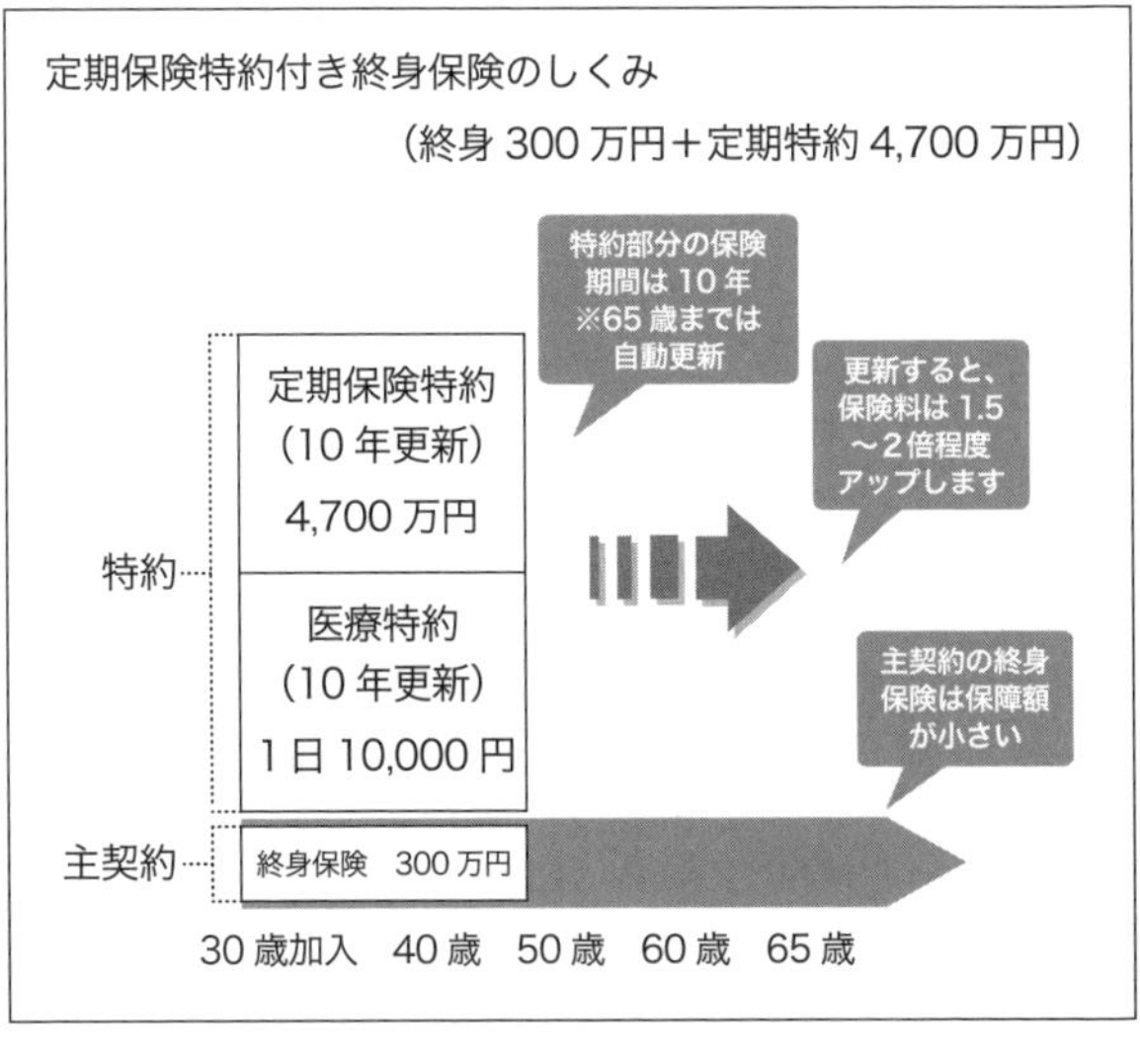

5000万円の死亡保障が一生続くものと勘違いする方も多いはずです。

実際には、主契約の終身保険に、特約として定期保険の死亡保障と入院保障が10年の更新型で付いています。

終身保険部分以外の特約はすべて10年の更新型になっています。10年ごとに更新して保険料がアップすることと、定期保険ですので、更新しない限り、いつかは保険の保障満了が来て、一生保障にならない点が要注意です。また、終身保険といいながら、貯蓄性があり保障も一生涯続く終身部分よりも、掛け捨てで保障期間が定まっている定期特約部分に、保険料比率のかなりの比重を置いていることが問題です。

②アカウント型保険

その後、2000年あたりから、定期保険特約付き終身保険に代わって「アカウント型保険」が発売されました。正式名称は「利率変動型終身保険」と言いますが、発売された当初は、なんとまたわかりにくい保険ができたものだな、と思ったものです。終身保険と名は付いていますが、いわゆる終身保険とはまったく別ものです。

このアカウント型保険は、主契約となる部分は貯蓄（積立）部分です。そして肝心の保障となる部分を特約として付帯しています。保険を売る側は、積立金を一定の範囲内で自由に引き出すこともできること、保険料の払い込み期間中に貯まったお金を利用して、自由に変更・設計が可能であること、保険料の払い込みが終わった後には、残高に応じて終身保険に入ることができること、これらの点を強調して加入・転換を勧めてきます。

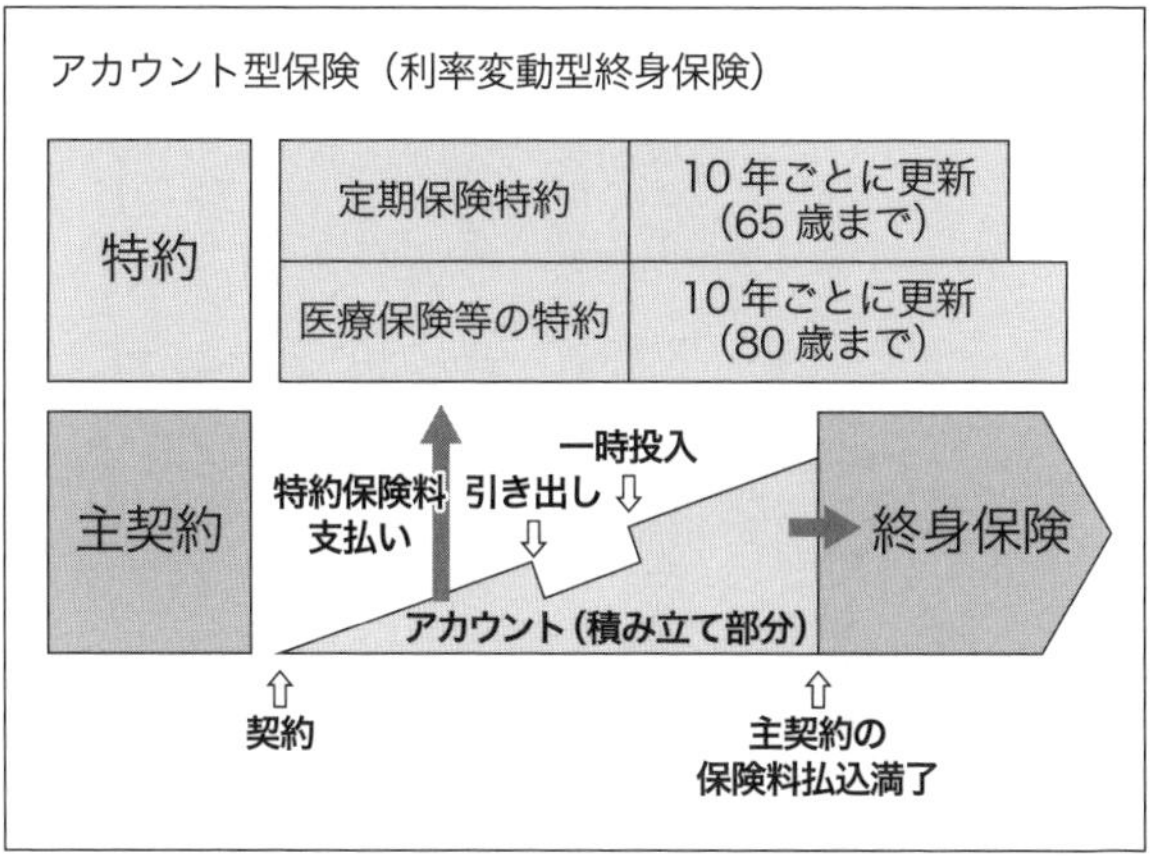

実際には、それまでの定期保険特約付き終身保険とほとんど変わらず、保障部分は10年更新の定期保険で、10年後の更新時、保険料が上がります。それを抑えるとしたら、貯蓄部分から新保険料の掛け捨て部分に振り替えることになります。これでは最終の払込期間終了のときには、いったいどれだけの金額を終身保険に充てられるのか見当が付きません。

私が見ている限り、加入する時ですら保険料を抑えるために積立部分よりも保障部分に保険料を充てている方が非常に多く、最後に終身保険を買えるのだろうか、と疑問を持たざるをえない保険証券が大半です。10年後の更新時には保険料アップを抑えるために「転換」を勧められるであろうことが容易に想像されます。

そして、利率変動型ですので、設計書に書かれているのは、あくまでも予測です。それが将来保障されているものではありません。

③こんなことを言われたら要注意

生命保険の営業職員に「新商品ができたから保険の見直しをしましょう」、「更新時期が来たから見直しましょう」と言われたら、「転換」かどうかを考えましょう。

「転換」は今まで積み立てた解約返戻金を使って再度、保険に入り直すことです。当然年齢が上がっている分、保険料が割高になります。新しい提案を他の方に見てもらうことが必要です。

定期保険でも10年更新型だけでなく、65歳定期～100歳定期保険まであります。入るとき「更新があるのか？　ないのか？」「途中で転換しないでもすむ保険かどうか？」を見極めることも大切です。

営業職員は、「転換」は「見直し」、また、「更新型」は保険料が上がる説明よりも、「健康状態にかかわらず自動更新できます」と説明してくる場合がありますので、注意しましょう。

Column

生保レディーはなぜ10年更新型を売る？

３か月程度の研修を受けただけの生保レディーに、保険商品のフリー設計など無理な話で、すべてがセットされたパッケージ商品を売らざるを得ません。保険に商品名がついているのはそのためです。

営業成績・手数料収入の点では、貯蓄性のある終身保険はあまりメリットはありませんから、いきおい掛け捨ての定期保険を売ることになります。歩合手数料は、新規で取った１年目に手数料全体の50%が当人に支払われ､残りの50%は8～10年で支払われます。この手数料の支払いが10年で終了するのがみそです。10年更新型の更新時期で「転換」して、新しい保険にすることで新規としてカウントされます。つまり10年更新型は、10年経つと新規の保険獲得の可能性を含んでいるのです。「定期付き終身保険」にせよ、「アカウント型保険」にせよ、特約を10年更新型で売っているのは、こうした背景があるからです。

昔は10年更新型を売る理由として、若い時はお金がないので安く､10年後には給料も上がっているから、という話術でした。給料が将来上がるという話が使えない現在、どんな話術を使っているのでしょうか。

第三章　加入・見直しの際のポイント

1. 常に公的保険制度との二本立てで考える

保険には、公的保険制度の下で加入する厚生年金、健康保険、国民年金、国民健康保険、介護保険など、そして、個人で加入する保険（死亡保険・医療保険・介護保険・学資保険など）、さらに、老後の生活のための個人年金があります。

保険の加入目的・内容は、サラリーマン・自営業者・独身（男・女）・既婚者・共働き・専業主婦・パート・アルバイト、それぞれによって違うはずです。

まずは、世界の中でも優れた公的保険に入っていて、自分は何が保障されているのか、何が不足なのか、を考えてみます。

また、公的保険の保険料をすでに負担していて、さらに保険料を払って新しい保険に加入するべきかについても充分に検討する必要があります。家計の中で無理のない保険料負担を考えていくことが大切です。

保険の解説本の中には、「健康保険に入っていれば、ほぼ賄いきれてしまう。だから、入院が長期化したり先進医療などの可能性があるがん治療に備えて『がん保険』だけ加入すれば、医療保険はいらない」としているものもあります。それも一理ありだと思っています。

ただ、私の今までの経験から言うと、意外と出費が嵩むのは専業主婦の方の入院です。料理・洗濯などがまったくできない夫の場合、妻が入院した場合、3食外食にかかる食費、クリーニング代、子ども連れで通う妻の入院先への往復にかかる交通費（タクシー代）など、入院治療費以外の出費が多くかかったということをよく聞きます。

または、産後どうしても入院治療を余儀なくされた時には、個室もしくは2人部屋を希望される方が多いようです。そのような場合、加入していて助かるのは医療保険です。保険金の目的は、問わないのですから。

介護保険については、言い換えると1割を負担しなければ、介護を受けられないということです。その部分を民間の介護保険に充てましょうとなります。つまり月々3万6000円（39頁参照）を保険で補てんできる介護保険を準備しておけば、要介護5になっても最高額の保障を受けられるということになります。

介護保険は、生命保険会社・損害保険会社の双方が扱っていますので、あなたに合ったものを選んでください。

ここで、まずひとつ言えることは、貯蓄に十分余裕がある方は、公的保険だけで十分。保険はいらないということになります。

2. 加入の際の手順

保険の加入の際は、手順を踏んで考えることが大事です。また、今後その保険をどのようにして見直していくか？　そこも念頭に置かなければなりません。

どのような手順で、何を考えるかについて、簡単な図（次頁）にしてみました。とにかく不安だから何かの保険に入っておきたいけど、何にしていいか分からないと迷うよりは、このような図を指針として、自分に合った保険が何かを考えてみてください。

途中で保険を入り直さなくてすむように、初めて加入する保険は大切です。見直しのときに、すべて見直しという事態にならないことが望まれます。加入している保険に付け加える、または、いらなくなった保障を取る、それだけですむ保険となっていれば理想的です。

STEP 1
自分の公的社会保険では何が出るだろう？

万一の時の遺族年金、病気・けがの保障、老後の保障など

▼

STEP 2
公的社会保険で補えない部分、不足分を考える

万一の際の収入、入院の保障、働けなくなった時の収入保障、その他の保障

▼

STEP 3
目的ごとに　いくら？
いつまで？
必要か確認する

収入は毎月いくら？
入院費用は？
葬式代は？

▼

STEP 4
それぞれの目的ごとに保険を選択・設計

収入保障保険・終身保険・がん保険・医療保険など

▼

STEP 5
プランの全体と保険料、支払期間を確認する

オーダーメードで設計

STEP1

まずは、自分が万一死亡したら、厚生年金（国民年金）で何がいくら出るのか、およその金額を把握します。

また、会社員の場合は、勤務先で労災とは別に弔慰金制度などで従業員の死亡補償を付けているところもありますので、勤務先に確認しましょう。

これらのことを自分で調べるのはなかなか難しいと思います。保険の外交員、代理店と一緒に試算して考えましょう。

STEP2

次にＳＴＥＰ１を踏まえて、万一の際、もしくは入院したら何が不足かを考えましょう。

この時に結婚されている方は、必ず夫婦同席で説明を聞いていただき、一緒に考えましょう。なぜなら、夫が入院や万一の時に困るのは妻で、妻が万一の時に困るのは夫なのですから。

また、家族を持ってから保険に加入する場合、夫婦それぞれが自分の配偶者がどんな保険に加入するか、もしくは入っているかを知ることが肝心です。そして、夫が入院した時に、公的社会保険で足りない部分は何かを考えていきましょう。

STEP3

STEP2を踏まえ、万一、夫が亡くなった時に、何にお金がかかり、何が足りないか、葬式代、お墓はどうするか、また、収入がなくなりますので、公的社会保険はいつまでいくらカバーしてくれるのか、についても考えます。

例えば末の子どもが18歳までに、公的社会保険の遺族年金等（34〜35頁参照）で月々15万円の生活費が支給されるのであれば、教育費は大丈夫か、住居費、生活費は大丈夫か。ただそれをすべて今までの水準でカバーしなければならないわけではありません。2人の子どもも丈夫なので、自分もパートで月々5万円くらいはカバーできそう。よく忘れがちなのが、夫の食費・生活費分がなくなるわけですし、おこづかいを月5万円渡していたのなら、それも省くことができます。

次に妻が入院したらどうなるでしょうか。意外とここを見落とされる方が多いです。妻の入院時、夫の食事はどうなりますか。外食になりませんか、洗濯はどうですか、クリーニング代となりませんか。また、将来的に妻が要介護状態になったら、ホームヘルパーさんなど、外部に委託することになりませんか?

よく加入されている医療保険を見ますと、夫が1日あたり1万円の保障に対して、妻は5000円なんて保険証券をみます。理由を尋ねると、なんとなく、働いている夫が入院すると大変だから、とおっしゃいます。

実際に話をしていくうちに、夫が入院しても困らない、高額療養費制度（29頁参照）があるのだから、1日1万円もいらないね、という結論に達することがあります。また、妻の死亡保障は、夫が働けるわけですから、夫と同じ何千万円の保障などはいりません。

自営業者の方は別の話です。夫が入院されると、収入そのものに直結しますから。また、共働きで妻の収入が生活そのものになくてはならないと、通常の専業主婦の方と考えが違ってくるかもしれません。

つまり一人ひとり違うということです。ですから、保険のパッケージ商品なんてありえないのです。やはり自由設計の、自分だけの保険設計が必要なことは自明の理です。

STEP4

ここから、保険の組立となります。組立といっても、日本の生命保険会社がやるように、主契約を決めてその上に、特約として2階建て・3階建てにするのではなく、すべてを主契約にすることが重要です。「主契約＋特約」にしますと、見直しの時期にすべてを見直さなくてはなりません。一番初めに入る保険をできるだけ見直さなくてよい保険にしておけば、見直しというよりも手直しですみます。そのためには、すべてを主契約にしたほうが手直しがしやすいのです。最初に加入する保険は一番若い時に入る保険ですから、保険料も安く、保障も一番高いものに加入することが可能です。保険料は1歳でも若ければ、その分保険料は安くなっています。

終身保険はどうするのがいいでしょうか。払込期間、保障額はどうするか、低解約型にするのがいいのか。終身保険は解約しないことを前提に、また、見直さなくてもすむようにかけることです。途中解約しないのであれば、低解約型が保険料負担も少なくて良いです。

次に定期保険です。定期保険にはよく健康優良割引・非喫煙割引があります。煙草を吸っていない方はぜひ活用してください。

また、定期保険でのおすすめは、収入保障定期保険です。収入保障保険は、保障額が皆さんでもわかりやすいからです。夫が死亡した時に困るのは、給料（収入）がなくなることです。「これからの人生、夫が万一死亡した時に1億円は必要です」なんて言われてもピンときません。それなら収入がなくなったのだから、保険で月々の収入の不足分をいくら補えばよいか、と計算した方がわかりやすいと思います。

生命保険の死亡保障額は、子どもが誕生した時がピークとなります。そこから徐々に減少する三角形型が理想です。また、収入保障保険でも10年更新型でかけている方をよく見かけますが、収入をカバーする保険ですので、夫の退職年齢か年金支給開始の65歳までとするのがベストと言えます。

次に医療保険です。ここでは、「がん保険」をおすすめします。まだ若いうちは、がんの心配をしている方は少ないと思いますが、30歳以上の死亡原因の1位は全世代ともに「がん」です。早期発見で治る病気になってきた一方で、いったんがんを患えば長期化しますし、告知されると非常にショックな病気です。せめて治療費の心配だけでも避けたいものです。それ以外では公的保険がありますので、そんなに高額保障は不要です。今は、医療保険とがん保険が一緒になったものもありますので、確認しましょう。

その他、バイクを乗る方などは、若いうちに介護保険（高度障害含む）なども検討された方がよろしいでしょう。介護保険は高齢になってからの介護だけではありません。事故などによる高度障害も入ります。

STEP5

自分に合ったオーダーメイドの保険ができましたら、最後に各保険の保険期間・保険料を確認しましょう。

ここで気をつけることは、保険料が上がらないこと。また、保険料に無理がないことです。そして、途中で保険料が払えなくなったりした時に、どう対処すればよいかも説明を聞きましょう。担当者が携帯の電話番号を教えてくれるような担当者でしたら、信頼できますし、安心を買えますね。むしろ加入してから担当者と密に連絡できる間柄になりたいものです。

3．保険の加入・見直し時期

保険の加入・見直し時期の例を次頁の図で示してみました。あくまでも例です。保険に加入しても、それで安心ではありません。このように人生で何回かの見直しは必要です。しかも、何十年とその保険と付き合っていかなければなりません。また、減額・払済み（66頁参照）にするためには、その保険が減額できるのか、払済保険に変更できるのか、加入するときに決まります。すすめられたから、なんとなく加入するといったことは、くれぐれも避けてください。

では、Aさん（男性）の場合を就職直後から考えてみます。

〔22歳　就職〕

就職した時点で生命保険の加入を考える方がいらっしゃいます。本当に必要でしょ

保険加入・見直しのポイント

Aさん（男性）

22歳　就職

●職場に来た生保レディーが保険商品を提案してきた。
ちょっと待った！　あわてて契約することはありません。
社会保険も立派な保険です。手順をふんで加入しましょう。
もしくはまだいらないかも！

27歳　結婚

●家族ができたのです。万一の場合の収入がなくなったことを考えて！

28歳　第一子誕生

●子どもの教育費（学資保険）、自分が万一の時の教育費は大丈夫？

30歳　第二子誕生　妻、退職

●子どもの教育費（学資保険）だけでなく、万一の時、妻の生活費は大丈夫？

35歳　マイホーム購入・ローン返済始まる

●今までは万一の場合の住居費も考えて生命保険に加入していた。ローンを組む時、銀行で団体信用保険に加入。
生命保険の住居費分は減額できないか？

46歳　子ども２人あいついで大学進学　妻もパートが安定

●あとひと踏ん張り！　そろそろ老後の保障も検討！
がんリスクも出てくる。

50歳　子ども２人とも大学卒業・就職

●もう夫婦２人だけの生活！　大型保障の生命保険はいらない。死亡保障を見直し、老後の生活保障を重視する保険の見直しを。

65歳　定年退職・退職金が入る

●できるだけ節約して老後生活を送りたい。
生命保険を払済保険に変更

うか？　なぜ就職した時に加入を考える習慣のようなものができたかというと、日本の生命保険の外交員、いわゆる生保レディーが営業活動の主軸を職域活動（会社に訪問して営業する活動）に置いていたからです。そのせいで、新入社員が加入ターゲットにされていただけのことです。

私たちには公的保険がありますので、保険にあわてて加入する必要はありません。もし加入するのであれば、10年の定期保険などより終身保険をおすすめします。それは、今後生命保険の見直しの土台になるからです。22歳で加入する終身保険は保険料も安く、貯蓄性もあります。加入するなら終身タイプの保険を検討するべきです。また、将来減額はしても、すべてを解約して見直すことはおすすめしません。

〈27歳　結婚〉

ここで初めて保険を検討しても良いのではないかと思います。保険は、自分に何かあった時、他の人に迷惑をかけたくないと感じた時に、本当に真剣に考えます。

それはやはり養う家族ができた時ではないでしょうか？　また、子どもが生まれるとわかった時から、今後どのような生活設計をしようか、と考えます。また、今後教育費などお金がかかるようになります。子どもが生まれた時が保障のピークです。途中で見直しても、保険料が今後上がらなくてもよい保険に加入することをおすすめします。

妻の生命保険も考えましょう。出産の時に、思わぬ入院という場合もあります。

〈28歳　第一子誕生　30歳　第二子誕生〉

ここで学資保険の検討をされる方もいらっしゃると思います。ただの貯金と考えて、払込終了時から解約返戻金が多くなる低解約型終身の10年、あるいは15年の短期間に払込終了するタイプの保険で代用する方もいます。

私は、目的のわかる高校入学の時点、大学（あるいは専門学校）入学の時点、大学の学費にもなり、夫に万一の時には保険料が免除になる普通の学資保険をおすすめしています。この学資保険に子どもの入院を特約として付けている契約をよく見ますが、目的はあくまで学資保障ですので、子どもに医療保険を付けたいのであれば、別に考えたほうが良いでしょう。

また、母子家庭などで、学資保険まで手が回らなくても焦ることはありません。保険とは異なりますが、国の教育ローンなどもありますので、選択肢の一つにあげてはいかがでしょうか？

私も活用しましたが、次のような資金に日本政策金融公庫の教育一般貸付制度（国の教育ローン）を活用することもできます。

・子どもの入学在学資金
・海外留学の資金
・美容師等の資格資金

現在は固定金利2・25％　最長15年の返済が可能です。

また、在学期間中は利息のみの返済で在学中の負担を抑え、子どもが卒業して社会人になってから安定した返済計画が立てられる返済プランもあります。

融資金額は子ども一人あたり350万円まで可能です。また、日本学資支援機構の奨学金との併用も可能です。そんな活用方法もありますから、いろいろ検討してみることです。

〈35歳　マイホームの購入〉

ここでは、結婚・出産時に加入した、高額保障の減額を一つ考えましょう。

現在、民間の金融機関は住宅ローン借り入れの際に、団体信用生命保険の加入を条件にしています。この場合、保険料は金利に含まれています。団体信用生命保険とは、住宅ローンは借入額が高額、そして長期返済になるため、万一の時のために、ローン返済途中で死亡・高度障害になった場合に、本人に代わって生命保険会社がローン残高を支払うものです。

要するに、マイホームローンの借入期間分の保障を約束する逓減定期保険（毎年保障が小さくなっていく保険）に加入したことになりますから、生命保険の設計を住居費も含めて考えていた場合は、その分住居費部分はなくなりますから、その部分を減額できるわけです。

例えば、生命保険の加入当初の組み立てのとき、まず、死後の整理資金３００万円を終身保険で、夫が万一のときの生活費を収入保障保険と遺族年金でカバーするとした場合。月々の生活費（食費８万円、住居費〈家賃〉６万円、教育費４万円、光熱費４万円、その他の消費支出８万円）が合計30万円として、そのうち、15万円は厚生年金の遺族年金でカバーできると考えて、月々15万円の収入保障保険に加入していたとすると、マイホーム購入時に住宅ローン返済のための団体信用生命保険に加入したので、今まで生命保険加入時の住居費６万円の部分が団体信用生命保険でカバーされることになります。そうすると、現在加入している収入保障保険15万円から６万円を引いた保険金額９万円の収入保障保険に減額してもよいというわけです（次頁図参照）。

収入保障保険の減額の考え方

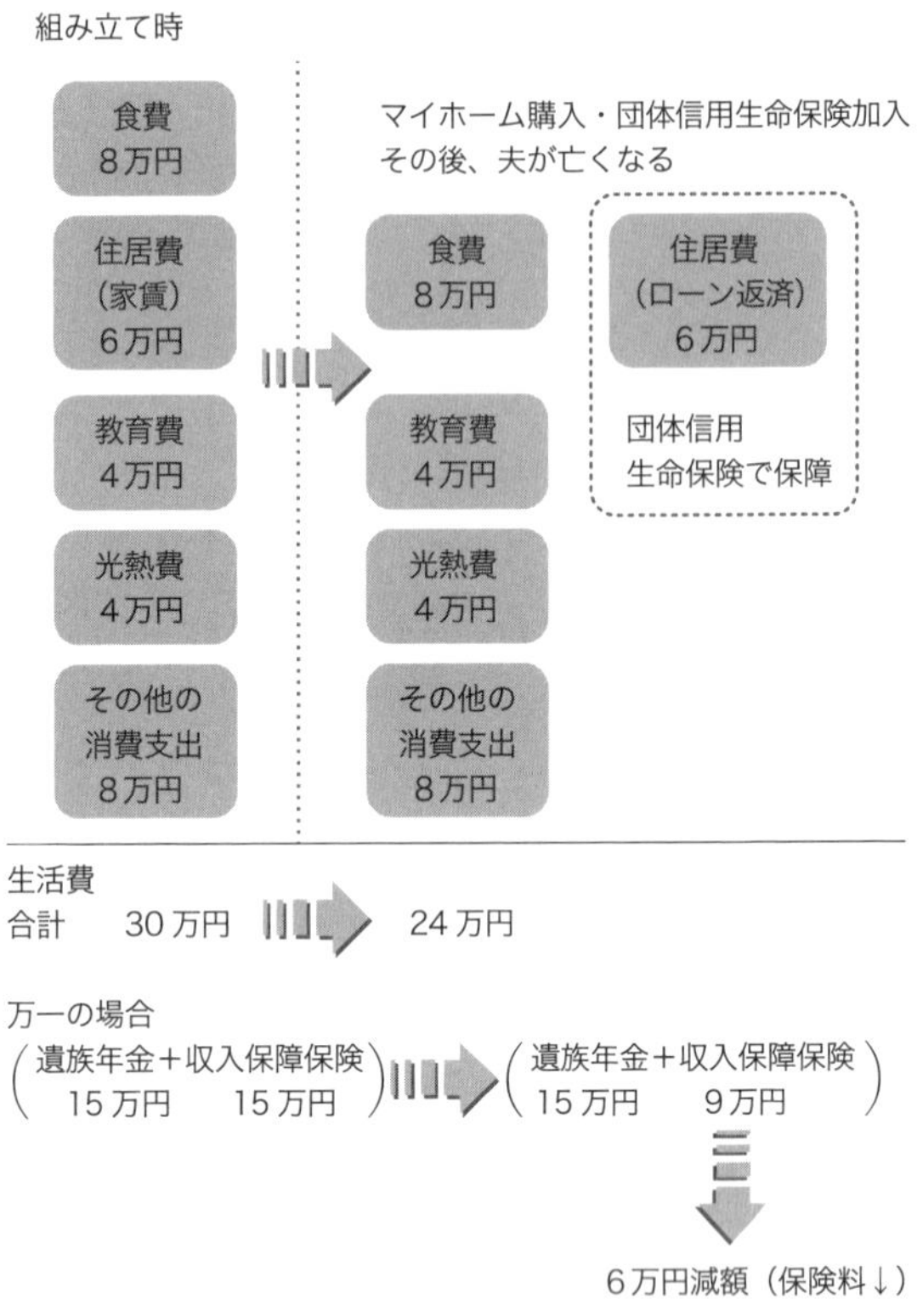

〈46歳　子ども2人も相次いで進学、妻もパートで安定〉

お子さんが、進学してある程度、人生設計も見えはじめたところ、現在の保障は多いか少ないのか、今一度見直すべきです。老後のための第一段階の準備がこの頃です。

老後を考えるのは少し早くないか、と思われるかもしれませんが、介護保険や個人年金等に加入するのであれば、より十分な保険に加入できます。

先日、60歳、65歳になるころに介護が心配になり、加入を検討したいのだが、とのお問い合わせをいただきましたが、月々の保険料が思った以上に高く、断念されて帰られました。娘さんの介護保険の見積もりを見せたところ、娘に検討するように話してみます、とのことでした。40歳代ならあまり無理せずに加入できます。

個人年金も払込期間が長くなることで、月々の保険料を低くすることができます。

〔50歳　子どもも2人とも卒業・就職〕

子どももようやく扶養から外れ、夫婦2人だけの人生の始まりです。大型保障の生命保険もいらなくなりますので、削減などの見直しが必要です。

また、これからは老後の生活を考えた保険の見直しが必要です。介護保障は大丈夫か？　年金は大丈夫か？　この時期に考えるのが最後のチャンスです。本当に必要になる定年時期に、いくら年金等を心配しても後の祭りです。

この時期に老後設計を立てて保険の見直しをしましょう。

〔65歳　定年退職〕

これからは年金生活となります。できるだけ保険料の払い込みは終了したいものです。せいぜい医療保険の払い込みくらいにできていれば成功です。死亡保障・介護保険・個人年金も払込期間が終了していれば助かります。払込期間が終了していなければ、払済保険に変更できないかの検討が必要です。

ここで、人生最初に入った生命保険がどのような保険かで、老後の生活設計までも変わります。

これから考えなければならないこととして、相続問題が発生します。相続税対策にも保険は有効な手段です。相続のページ（148・164頁）をご参照ください。

以上のことを踏まえながら、各年代・生活環境によってどんな生命保険が適しているか、次の章で考えていきましょう。

Column

保険料はどのように計算されている？

なぜ性別・年齢・保険会社によって保険料は違う？保険料は、次の3つをもとに算出されています。

予定死亡率：過去の統計をもとに性別・年齢別の死亡者数を予測し、将来の保険金などの支払いに充てるための必要額を算出します。どの保険会社でも基本となる数字。**予定利率**：資産運用による収益を見込んで、その分を保険料から割り引きます。逆ザヤと言って、年金保険などは、お客様に支払う約束をしたものの運用が難しく、保険会社の経営を圧迫しました。「アベノミクス」の株高などで、現在は相当改善されました。**予定事業費**：契約の締結、保険料の収納、契約の維持管理などの事業運営に必要な諸経費を見込んで加算しています。会社運営の費用すべてです。インターネットの通販保険会社は、これを抑えて安くしています。

生命保険は、中世ヨーロッパ都市の同業者組合「ギルド」が発祥とされています。しかし、18世紀になって、「ハレー彗星」で有名な天文学者エドモンド･ハレーによって、実際の死亡率に基づいた生命表が作られるまでは、合理的な保険料計算が確立されず、生命保険の組織運営は安定しなかったようです。

第四章　事例で考える

この章では、年齢や状況、目的もそれぞれ違う人たちに、どんな保険が考えられるか、保険の代理店と加入者との実際的なやりとりを通して考えていきたいと思います。

事例1

25歳男性・独身・会社員

養うべき家族がいなければ、死後の整理資金300万円の設定で十分

保険の代理店　「Mさん、こんにちは。本日は自動車保険の継続手続きにお伺いしました」

Mさん　「今日は、前々から相談していた息子の一郎の生命保険の話を聞きたいのだが」

保険の代理店「そうでしたか。ぜひ、息子さんとお話しさせてください。一郎君、生命保険を考えているんですか？」

一郎君「そうなんです。まだ、一度も生命保険に入ったことがないんですよ。彼女とも将来結婚を考えているので、結婚資金も貯めたいんですが、そんなに高いものには、入れないんですけど」

保険の代理店「生命保険を考える際には、4つのリスクを考え検討する必要があります。1つ目は死亡のリスク、2つ目は病気・けがのリスク、3つ目が老後のリスク、つまり年金ですね。4つ目が介護のリスクです。

一郎君は、まだお若いので、保険料を抑える意味でも病気・けがのリスクを一番に考え、次に死亡のリスクを考えればよいと思います」

一郎君「そうですか。年金・介護はまだ、考えなくてもいいのですね」

保険の代理店「何か危険な趣味、スポーツなどのけがで、寝たきりになったりするようなことがなければ、年金と介護はまだ考えなくてもいいのではないでしょうか。今は、結婚資金を貯めるという目標もあるのですから」

一郎君「ちょっと気になっているのが死亡保障なんですが、死亡保障ってやっぱり必要なんでしょうか？ 周りの友達も保険金3000万円の保険に入ったと言っていました」

保険の代理店「そうですね。死亡保障の目的としては、万一の時の生活費を賄う、子どもの教育費・住宅費、そして最後にお葬式代をカバーするといったことです。一郎君に万一のことがあった時、後に残された家族が困るのは何でしょうか？」

一郎君「そうですね。まだ父も現役ですので、生活費もいらないし、自宅だし、葬式代くらいかな」

保険の代理店　「そうですね。しかも、ご両親は一郎君が万一の時に、３０００万円も保険金を受け取ってうれしいでしょうか？　現在、死後の整理資金にかかる費用は平均３００万円から５００万円と言われています。ですから、保険金額は３００万円でよろしいのではないでしょうか？」

一郎君　「考えてみれば、そうですね。今は３０００万円もいらないか」

保険の代理店　「それでは、保険の種類を説明しましょう。死亡保険の種類は大きく分けて、３種類です。

１つ目が定期保険、これはよく銀行の定期預金と勘違いされている方がいらっしゃるのですが、保険期間を10年間とか定期間の保障をする保険です。保障期間が終了すると解約返戻金は０円になります。よく言われる掛け捨て保険がこのタイプです。その分３種類のなかでは、保険料は一番安くなります。

2つ目が、養老保険です。これは、定期保険と同じように保障期間も定期間なのですが、保障期間が終了しますと、保険金額と同額の満期金が支払われます。よく言われる積立保険がこのタイプになります。その分保険料は3種類の中で一番高く、同じ保障で、定期保険の7倍くらいになりますね。

最後が、終身保険です。これは、保険料の払込期間を設定できます。また払込期間が終了しても、保障は一生涯続きます。ですから終身保険なのです。保険料はちょうど定期保険と養老保険の中間ですね。解約の場合、解約金が発生しますので、払い込みが終了すれば、お支払いいただいた保険料の100%以上は戻ってくることになります」

一郎君「そうなんだ。いくつも種類があるとは思っていたけど、僕にはどのタイプがよいのですか?」

保険の代理店　「そうですね。この3種類を組み合わせて、提案されることが多いのですが、一郎君は死後の整理資金だけでも、というお考えなのですから、60歳払済み終身保険に加入するのがよいのではないでしょうか。しかも低解約型終身保険でしたら、保険料は安くなります。死後の整理資金として平均の300万円としましょうか」

医療保険は保険料を安く抑えて手厚い保障に

保険の代理店　「それと、医療保険ですが、一郎君は、あのA商社にお勤めでしたよね。でしたら、社会保険にはご加入ですね」

一郎君　「そうです。会社で社会保険は加入しています」

保険の代理店　「社会保険の健康保険は、医療費負担が3割負担ですむだけでなく、高額療養費制度という制度があります。たとえば1か月100万円の治療費に対して、3割の30万円を自己負担した場合、自己負担の上限額は約8万8000円になり、上限額を超えた部分があとで戻ってきます。入院の食事代、差額ベッド代と先進医療は含まれませんが」

一郎君　「へえ、そんな制度があるんですね。知りませんでした」

保険の代理店　「ですので、一郎君の場合は1日5000円の入院費用（1回の入院は60日）と先進医療特約を付けるのが、いいのではないかと思います。また、医療保険の中には、定期保険と終身保険でも解約金があるタイプと、解約金をなくしてその分保険料を安くしたタイプがあるんです」

一郎君　「どのタイプが良いのですか?」

保険の代理店　「医療保険は、歳をとってからが使う頻度は多くなりますよね。また、保険料も一郎君の年齢なら、終身タイプでも解約金がないタイプでしたら2271円です。また、がんなどの病気は長期化する場合があります。がんの場合、通院での治療も多くなってきていますので、がんの通院治療が出るタイプで、なおかつ3大疾病の時には無制限になるタイプにしましょう」

一郎君
「80歳まで150万円くらい払い続けて、ずっと健康だったら、損した気分になるかも」

保険の代理店
「確かに80歳までの保険料総額を考えると、高いと感じるかもしれませんが、保険料の安いうちから入っておくことによって、手厚い給付を生涯にわたって受けられます。それを高いと感じるか、安いと感じるかは、ご本人の考え方しだいですから、充分に考えてください」

一郎君
「あともうひとつ聞きたいのは、医療保険の解約金がある終身タイプは保険料が高いのに、何かメリットがあるのでしょうか?」

保険の代理店
「生命保険・医療保険は、2か月間連続して口座から保険料の引き落としがない場合には、保険が失効となります。健康であれば、保険料をさかのぼり、まとめて支払えば復活できますが、その間に病気などで健康告知に問題があれば、復活できないおそれがあります。ただし、終身保険の解約金があるタイプでしたら、責任準備金（解約金含む）から保険料が充当されて、失効にはなりません」

一郎君
「これくらいの保険料なら、引き落としできないということはないと思いますので、医療保険は入るとしたら解約金なしタイプかな」

保険の代理店
「掛け捨てで高額保障の定期保険は、結婚されるときに、高額保障の収入保障

〈事例１〉25歳男性・独身・会社員

保険種類	保険金額	保険期間	払込期間	保険料
がん補償付き医療保険	5,000円	終身	終身	2,271円
低解約返戻金型終身保険	300万円	終身	65歳	4,458円
		月々合計保険料		6,729円
	80歳時点合計保険料累計	65歳時点解約返戻金		返戻率
がん補償付き医療保険	1,498,860円	0円		ー
低解約返戻金型終身保険	2,139,840円	2,497,500円		116.70%

がん補償付き医療保険内容
病気・けが入院5,000円／１日（１入院60日）（３大疾病無制限）特定疾病保険料払込免除特則
手術入院中10万円・外来２万5,000円／先進医療2,000万円／がん診断50万円／がん通院5000円

保険などの定期保険に入れば十分です。今回の提案は終身タイプですので、保険料はずっと変わらないので、生活設計もしやすいです」

事例2

25歳女性・独身・会社員

特約がてんこ盛りの保険には気をつけて

保険の代理店「こんにちは。花子さん、生命保険を考えているんだって?」

花子さん「そうなんです。会社にいらした保険の外交員さんに提案されているのですが、こちらの要望を伝えてはいるのですが……」

保険の代理店「花子さんは独身でIT関係の企業に勤務でしたね。それで、外交員さんからはどんな保険をすすめられているの?」

花子さん　「女性特有の病気に手厚くなっているというのですが。何か特約というのがいっぱい付いていて、意味がまったく分からないんです。これが、提案書なんですが、定期保険特約とか、特定状態保障定期特約とか。それに、8大生活習慣病入院特約とか、女性特定疾病入院特約とか」

保険の代理店　「保険には、保障の柱になっている主契約があって、特約とはそこに付けるオプション保障のことです」

花子さん　「ということは、外交員さんの言うすべての特約を付けなくてもよいということですか?」

保険の代理店　「そうですね。自分が必要と思わない保障を付けても意味がありませんからね」

花子さん　「そうなんですね。これが、女性に今一番売れている保険よ！　とか、○○さんもこの保険に入ったのって言われると、私も入らないといけないのかなって思ってしまって」

保険の代理店　「○○特約とありますが、特約はその状態になった時に支払われるものです。たとえば、主契約の入院5000円、女性疾病特約5000円なら、主契約の入院1万円にすれば、どんな入院でも1万円が給付されるんです。女性疾病だけ充実したいとお考えなら、確かに特約のほうが保険料はお得になりますが」

花子さん　「私は、先ほどの兄、一郎の話ではありませんが、健康保険に入っているので、5000円で良いかと考えています」

目的をきちんと設定すれば、無駄な特約には惑わされない

保険の代理店　「保険に入る目的は何か、保険期間はいつまで、貯蓄性を求めるか、まずは、そのあたりから考えるのがいいですね」

花子さん　「一応、入院した時とか、両親には迷惑かけたくないと思っています。今仕事は楽しくて、将来結婚しても仕事は続けたいと思って

いるんです。そして、できるだけ掛け捨ては嫌なんです。いつ何があるかわからないし、もったいないと思っているので」

保険の代理店
「それなら、最近T保険会社から発売された保険なんですが、70歳になった時、もし保険金が支払われなかったら、今までかけた保険料が返ってくる医療保険があります。もしくは、貯蓄性のある終身保険がいいですね。A社の終身保険は65歳払い済みの時に、そのまま保険を継続したり、年金で受け取ったり変更できる保険です。無駄がないと思いますよ」

花子さん
「不思議なんですが、こんなに解約金が

〈事例２〉25歳女性・独身・会社員

保険種類	保険金額	保険期間	払込期間	保険料
医療総合保険健康還付金付	5,000円	終身	終身	2,970円
低解約返戻金型終身保険	300万円	終身	65歳	4,137円
		月々合計保険料		7,107円
	70歳時点合計保険料累計	70歳健康還付金		返戻率
医療総合保険健康還付金付	1,603,800円	1,603,800円		ー
	80歳時点合計保険料累計	80歳時点解約返戻金		
低解約返戻金型終身保険	1,985,760円	2,754,000円		128.70%

戻ってくるのはなぜなんですか？」

保険の代理店　「低解約返戻型終身保険の特徴は、まず保険料を終身払いではなく、60歳・65歳など短期払込に設定します。そして保険料払込期間中の解約返戻金を通常タイプの70％程度に抑え、その分保険料を安く設定しています。保険料払込期間が終了すれば、通常の終身保険の解約返戻金の水準に戻ります。そのため保険料払込期間終了後には解約返戻金率が上がるのです」

花子さん　「ああ、なるほどそういうことなんですね。納得しました」

事例3

35歳男性・既婚子ども2人・会社員

定期付き終身保険は保険料が上がる宿命

Nさん　「今日は、以前から入っていた生命保険を見直したくて相談に来ました。何か10年目になると、保険料も変わるというし、最近良い保険ができたからって、生命保険のおばさんが新しいプランを持って来たけど、見てもさっぱりわからなくて」

保険の代理店　「そうでしたか。Nさん、そのプランと今加入している保険の証券はありますか?」

Nさん　「ありますよ。これなんですが」

保険の代理店　「NさんはA商事会社に勤務でしたね。それなら、社会保険にもご加入ですね」

Nさん　「そうです。子ども2人はまだ小学校の低学年です」

保険の代理店　「これは、定期付き終身保険ですね。次回からは43歳時更新後保険料となって、保険料が2万1600円になります」

Nさん　「なぜ、保険料が上がるのですか?」

保険の代理店　「この定期付き終身保険は、終身保険と定期保険の組み合わせです。一生涯保障する終身保険と10年間の定期保険の組み立てです。この10年の定期保険の部分が43歳の保険料になりますので、保険金額が上がるわけです。さらに更新していくと、53歳時点で約3万4000円、63歳時点で約5万3700円と保険料は上がっていきます」

Nさん　「それは困るね、払い切れないよ」

保険の代理店　「現在のNさんの契約では、定期保険の更新をして、高い保険料を払い続けていかないと、70歳以上の時の保障が50万円になってし

〈事例３－１〉男性35歳・既婚子ども２人・会社員
(現在の保険) 契約時年齢33歳

保険種類	保険金額	保険期間	払込期間	保険料
終身保険	50万円	終身	70歳	865円
定期特約	1,000万円	10年	10年	
年金払定期特約	230万円×５年	10年	10年	
特定疾病収入	200万円×５年	10年	10年	
傷害特約	300万円	10年	10年	
新総合医療	10,000円	10年	10年	特約合計
特定損傷	5,000円	10年	10年	12,840円
		月々合計保険料		13,705円

保険料
43歳→21.600円　53歳→34,000円　63歳→53,700円

〈事例３－２〉(新プラン)

保険種類	保険金額	保険期間	払込期間	保険料
がん補償付き医療保険	5,000円	終身	終身	3,205円
低解約返戻金型終身保険	200万円	終身	65歳	3,998円
収入保障保険	月額15万円	65歳	65歳	5,985円
		月々合計保険料		13,188円
	80歳時点合計保険料累計	80歳時点解約返戻金		返戻率
がん補償付き医療保険	1,498,860円			-
低解約返戻金型終身保険	1,439,280円	1,689,140円		117.30%
収入保障保険	2,154,600円	0円		-
	5,092,740円	1,689,140円		33.16%

がん補償付き医療保険内容
病気・けが入院5,000円／１日（１入院60日）（３大疾病無制限）特定疾病保険料払込免除特則
手術入院中10万円・外来２万5,000円／先進医療2,000万円／がん診断50万円／がん通院5,000円

まうということなんです」

Nさん　「ええっ！　そんな契約だったの？」

保険の代理店　「Nさんは、まだまだ、これからお子様に何かとかかりますからね。こんなプラン（事例3―2新プラン）はいかがでしょうか？」

すべてを主契約にして柔軟な保険設計

保険の代理店　「すべてが主契約なので、万一の時にすべてを解約する必要がありません。

収入保障保険は特定疾病になった時に保険料が免除になります。医療保険も通常の入院は60日型ですが、三大疾病のときは、無制限となります。また、特定疾病になった場合、保険料が免除になります。その他、先進医療2000万円、がん一時金50万円、がん通院5000円が付いています。

Nさんの場合、会社でちゃんと社会保険にお入りなので、お子様が18歳に達するまでに万一のことがありましたら、遺族年金約15万円が受給できますので、収入保障保険の15万円と合わせて30万円の収入を確保したことになります。
いずれの保険も保険料はこの先上がることはありませんので、生活設計も組みやすいと思います」

事例4

Mさんの妻　40歳専業主婦

定期特約より終身保険部分が安いのはすぐに見直しを

Mさん　「うちの家内も私とまったく同じような保険なんですが」

保険の代理店　「本当ですね。夫と同じ定期付き終身保険。ただし女性なので、保険料は９９３０円ですね。奥さんは専業主婦ですよね。10年定期

保険350万円、10年収入保険240万円×5回＝1200万円。

一生涯保障の終身保険が50万円に対して、39歳からの10年間の定期保険部分は1550万円にもなります」

Mさんの妻「そんなにはいりません。せめて、将来入院などで、子どもに不自由をさせたくないだけです」

保険の代理店「奥様の今の保険は、10年間の定期特約と10年間の医療特約に9020円の保険料が使われています。貯蓄性のある終身保険部分は910円です。これはもったいないですね」

Mさんの妻「本当にそうですね。言われて初めて気がつきました」

保険の代理店「奥様には、ご主人と同じO社の医療保険・終身保険200万円、A社の介護年金30万円／年のプランはいかがでしょうか？」

Mさんの妻「介護と言われても、まだぴんとこないんですが」

保険の代理店「女性は長生きする分、介護を受ける確率も高くなっています。平成26年1月審査分のデータですが、介護保険制度のサービスを受けた受給者を男女比で見てみると、男性が28・9%、女性が71・1%となっています。いらないものを省いて、必要と思うものを充実させることが良いと思いますよ。生命保険会社の介護保険は会社の定める所定の要介護状態になった場合に、保険金を受け取

〈事例４〉40歳女性・専業主婦

保険種類	保険金額	保険期間	払込期間	保険料
がん補償付き医療保険	5,000円	終身	終身	3,699円
低解約返戻金型終身保険	200万円	終身	65歳	4,552円
介護年金	年額30万円	65歳	終身	4,872円
	月々合計保険料			13,123円
	80歳時点合計保険料累計	80歳時点解約返戻金		返戻率
がん補償付き医療保険	1,775,520円	0円		-
低解約返戻金型終身保険	1,365,600円	1,756,120円		128.50%
介護年金	1,461,600円	1,477,950円		101.10%
	4,602,720円	3,234,070円		70.26%

がん補償付き医療保険内容
病気・けが入院5,000円／１日（１入院60日）（３大疾病無制限）特定疾病保険料払込免除特則
手術入院中10万円・外来２万5,000／先進医療2,000万円／がん診断50万円／がん通院5,000円
介護年金保険内容
介護状態が続く限り一時金30万円+年額30万円を10年間
65歳払い込み期間中に高度障害もしくは介護状態になったら保険料は免除になります。
65歳時点で10年確定年金に変更もできます。

れる保険です。保険金の受け取り方は一時金か年金、あるいは一時金と年金の併用の３タイプが主流です。最近では、公的介護保険の要介護認定と連動しているタイプもあります。公的介護保険を受ける場合の自己負担額1割を補完するのが良いでしょう」

Mさんの妻

「そうですね。確かに、私の友達の中にも、夫の義母さんの面倒をみて大変な方がいらっしゃいます。今は若くて元気でも、将来、誰かに介護してもらう日がくるかもしれません。今からその時に備えた保険を検討しておくのも良いと思います」

事例5

45歳自営業（鮮魚小売店）・独身

自営業の人は働けなくなった時の手当を

以前、生命保険に入っていたRさんは、昨年解約してしまったとのこと。今まで病気ひとつしたことなく、きわめて健康。

保険の代理店「Rさん、保険を解約されてたんですね」

Rさん「独身だから心配してなかったんだけど、同じ自営業の友達が病気で入院して、保険だけは入っていた方がいいぞ、と言われて、やっぱり何か保険を、と考えだしてるんだ。親父もがんだったしな」

保険の代理店「そうですか。Rさんは自営業だし、万一入院や療養ということになったら、生活自体困りますものね。万一よりも、生活保障ですね。国民年金ですので、厚生年金に比べると心配です。そのへんを一

Rさん　「そう。いちおう貯金も800万円くらいはあるし、葬式代くらいにはなるから。あとは、病気になったり、働けなくなったりした時のことも考えないと、と思って」

保険の代理店「では、こんなプランはいかがですか？　Rさんは貯蓄もありますので、死亡保障などはいらないと思いますが、何か銀行等

緒に考えましょう」

〈事例５〉45歳男性・独身・自営業（鮮魚小売店）

保険種類	保険金額	保険期間	払込期間	保険料
医療保険	10,000円	終身	終身	6,102円
がん治療保険	100万円	終身	終身	3,323円
所得補償保険	月額20万円	１年更新	１年更新	5,760円
傷害保険	5,000円	１年更新	１年更新	1,640円
	月々合計保険料			16,825円

医療保険内容

病気・けが入院10,000円／１日（１入院60日）（３大疾病無制限）特定疾病保険料払込免除特則

手術入院中10万円・外来２万5,000円／先進医療2,000万円

がん治療保険内容

がん治療１年１回100万円通算５回まで（上皮内新生物は１年１回50万円通算５回まで）

ホルモン剤治療１年１回30万円通算10回まで

所得補償保険

月額20万円（４日間免責）通算２年間補償入院だけでなく療養中も補償

傷害保険

死亡・後遺障害500円・入院5,000円／１日・通院3,000円／１日通院のみも補償

で借り入れなどがありましたら、手当が必要でしょうね」

Rさん
「この店舗を建てた時にローンを組んだけど、万一の返済のために何か保険に入らされたよ。あとはないかな」

保険の代理店
「それでしたら、死亡保障はいらないでしょう。Rさんの場合は自営業なので、病気等で入院療養したとき、収入に直結しますから、その対策が必要です。そのために所得補償保険と傷害保険を組み入れました。すべて掛け捨てになります」

Rさん
「代わりに働いてもらうこともできないので、収入の保障と考えれば掛け捨てでもかまいません」

保険の代理店
「もし国民年金だけでは不十分とお考えのときには、銀行や保険会社などでも個人事業主用の確定拠出年金を用意しているので、そちらを活用されてはいかがでしょうか？　月々5000円から掛けられ、税制の優遇措置も受けられます。生命保険などの個人年金もよいですが、検討してみてはいかがでしょうか?」

※「確定拠出型年金」とは

確定拠出型年金には、「企業型」と「個人型」があり、ここでは、特に「個人型」について説明をします。

確定拠出型年金制度とは、国民年金の上乗せとして、新たに導入された制度です。加入者が毎月の掛け金で、預金や貯金、投資信託などで運用する制度です。運用しだいで受取金額は変わり、受給開始は60歳から70歳の間で選択します。

自営業者は、月額5000円~6万8000円まで掛けられます。なぜ、生命保険ではなく、確定拠出型年金かというと、税制の優遇です。支払った掛け金は、自分の所得から差し引くことができます。課税される所得が減る分、所得税や住民税を減らすことができます。

留意点としては、60歳までは引き出せないことと、投資信託などの運用ですので、商品の中には、元本割れの可能性もあります。

事例6

65歳男性・今年、大手電機会社を定年退職

退職したら見直して、ゆとりある生活に

保険の代理店　「Sさんは先日、定年退職なさったんですよね。これを機会に、生命保険の見直しは考えていないのですか？」

Sさん　「そうだね。今後は年金暮らしだから、生活も大変になるからな。でも、この歳で生命保険に入り直すのは、高いんだろう？」

保険の代理店　「生命保険は、払済保険に変更する人もいる一方で、Sさんのような、お子様が独立されたにもかかわらず、特約などいらない部分をそのままにされているような人も多いんです」

Sさん

「そうかもしれないね。やはりこの機会に見直しするか。保険証券関係は何年か前に、1冊に見やすくしてもらったから、すぐに出せるよ」

保険の代理店

「そうでしたね。今お持ちでしたら、見てみましょう。

70歳払済みの定期付き終身保険ですね。終身保険500万円に定期保険が2000万円ですね。それに、特約で入院保障が日額5000円ですね。知り合いの紹介で、50歳のときに加入なさったということでしたね。月々のお支払いが4万3590円でしたか」

〈事例6－1〉男性65歳・既婚・退職
（現在の保険）契約時年齢50歳

保険種類	保険金額	保険期間	払込期間	保険料
終身保険	500万円	終身	70歳	2,0190円
定期特約	2,000万円	70歳	70歳	
医療保険	5,000円			
				特約合計
				23,400円
	月々合計保険料			43,590円

Sさん　「定年になったら、もう支払っていくには厳しいね。何か良い案はあるの？」

保険の代理店　「Sさんの保険は、月々4万3590円の支払いでも、貯蓄性のある終身保険の部分の保険料が2万1190円あります。ここで、加入時の説明書に払済保険金額が載っていますね。現在、65歳時点の払済保険金額は485万5000円です。払済保険は保険を解約するのではなく、現在までに支払った保険料で保障だけを残す方法です。Sさ

〈事例6－2〉男性65歳・既婚・退職（新プラン）

保険種類	保険金額	保険期間	払込期間	保険料
終身保険	4,855,000円	終身	払い済み	0円
医療保険	5,000円	終身	終身	6,567円
がん治療保険	100万円	終身	終身	5,231円
	月々合計保険料			11,798円

医療保険内容

病気・けが入院5,000円／1日（1入院60日）（3大疾病無制限）

手術入院中10万円・外来2万5,000円／先進医療2,000万円

がん治療保険内容

がん治療1年1回100万円通算5回まで（上皮内新生物は1年1回50万円通算5回まで）

ホルモン剤治療1年1回30万円通算10回まで

んの場合、保険料を支払わずに485万5000円の終身保険に変更することが可能です」

Sさん　「そんなことができるのか。それだけ死亡保障が残せるなら、もうその払済保険に変更でいいよ」

保険の代理店　「あとは、特約部分は払済保険では残せないので、医療保険部分のみに加入すれば十分ではないでしょうか？　医療保険・がん保険それぞれM社の保険で構成しました。今後は医療保険・がん保険だけになりますので、現在の月々のお支払いの保険料も4万3590円が1万1798円になります」

Sさん　「それなら、だいぶん助かるな」

事例7

39歳男性会社員・39歳専業主婦

保障と貯蓄がセットの保険は、バランスに注意!

Tさん

「きょうは妻に頼まれて一緒に来ました。妻の保険が2年後に更新になるということで、生保レディーから提案書を渡されたそうなんです。保険期間中でも積立額を自由に設計でき、引き出しも自由という新商品らしいです。これに切り替えないかと熱心にすすめられていて、保険設計書を見せられて説明を受けたけれど、どうにもわかりにくいって。ちょっと見てもらえませんか」

保険の代理店

「これは『アカウント型終身保険』ですね。アカウントとは口座という意味です。利率変動型終身保険とも言います。

アカウント型終身保険は生命保険本来の保障部分と積立の貯蓄

機能がセットになった商品です。この保険の主契約は積立（貯蓄）部分で、保障部分は特約として付いています。今ご加入の定期付き終身保険の終身保険分部がアカウント（貯蓄）に変わった商品ということです」

Tさん　「終身保険部分がなくなったということですか？」

保険の代理店　「この保険の主契約、つまり積立部分の払込期間が終了すると、終身保険に変わるという仕組みです」

Tさん　「今までの保険と違って、積立と保障部分の比率も自由にできて、設計や引き出しも自由なので、財布のような使い方ができる商品なんですよ、と説明されました。よくわからないですが、今までの終身保険よりは良い商品のような気がします」

保険の代理店　「商品のことをよく理解していればそうですね。保障と貯蓄のバランスを自由に設計できますので、そういう方には向いている商品です。ただし、注意が必要です。積立は『利率変動型』ですので、実際に保険設計は予想でしかありません。また、特約の保障はすべて掛け捨ての定期保障で、10年から15年が多いようです。ですから、更新時には定期付き終身保険と同じように、保険料はアップします。自動更新ですので、アップした保険料は自動的に貯蓄部分から引き落とされますから、契約者自身がしっかり理解しないと、払い込みが終了する時点で、終身保険に移行する貯蓄部分が全くないといったことも起こりうるのです。実際にTさんの保険料設計を見てみると、月々の保険料が2万4316円のうち、主契約の積立（貯蓄）部分の保険料は1000円になっています。2万3316円は定期保険の保障に充てられています」

Tさん「本当ですね。保障ばかりに気をとられ、貯蓄と保障のバランスまで考えていませんでした。主契約と聞くと、当然、積立（貯蓄）

中心になっているものとばかり思っていました。では、どのようにしたらいいでしょうか？」

目的別にそれぞれを主契約で加入するのがベスト

保険の代理店「私のおすすめは主契約＋特約で組み立てるのではなく、目的別にそれぞれを主契約で加入することです。アカウント型終身保険と言っても、終身保険部分がアカウントになっただけで、保障の部分は定期付き終身保険と同じ10年から15年の定期保険。このままでは10年～15年後には自動更新、つまり保険料がアップしてしまいます。でも、今現在の保険料をピークにその後の保険料は上がらないほうが良いですよね」

Tさん「もちろんそうです。保険料の上がらない商品があるのなら、その方が良いです」

保険の代理店「単に死亡保障と医療保障を考えた場合、死亡保障はお子様が小さい時分から成人するまでのあいだは大きな保障を確保したいのに対して、医療や介護は逆に子どもが成人を迎えるあたりから確保したいですよね？」

Tさん　「確かにそうですね」

保険の代理店　「ですから、保険期間が死亡保障も医療保障も必ずしも同じというわけではないです。２つの保障をどちらも主契約にすれば、その保険の目的がはっきりしますし、ライフステージが変わった場合、すべてを見直さなくても必要な部分だけを見直すことが可能です。現在Tさんは39歳でA電機会社でしたね」

Tさん　「はい。大学卒業から17年勤務しています」

一度、すべての保険を整理しましょう

保険の代理店　「厚生年金保険ご加入ですね。何か他の保険にはご加入ですか？」

Tさん　「会社の入社の時に団体でがん保険と、子どもが生まれた時に、それぞれ学資保険に入りました。それ以外に入ってはいないと思っていました」

Tさんの妻　「あなた、県民共済の保険も月々2000円だからって、あなたと私で入ったじゃない」

Tさん　「そうだっけ？　忘れていたよ」

保険の代理店　「わかりました。一度、保険を整理しましょう。お二人とも、今ご加入の証券のコピーをいったんお預かりできますか？　がん保険も学資保険も若い時に入られたのですから、今のままで十分かもしれません。余分な保険に入ることはありませんから。県民共済の保険の内容はおわかりですか？」

Tさん　「確か入院で5000円と死亡保障も入っていたと思います」

保険の代理店　「入院はケガの入院ですか？　病気の入院ですか？　また、保障はいつまでですか？」

Tさん　「どっちだろう？　すっかりあやふやになっています」

保険の代理店　「わかりました。それでは、保険の証券コピーを預からせていただき、ご説明いたします。その時は、お二人ともご一緒に2時間ほどお時間をください」

Tさん　「ええ、2人揃ってですか？　2時間もですか？」

保険の代理店　「そうですね。保険はマイホームの次に高い買い物と言われているくらい、高額の買い物です。何百万円の保険料を一生のうちに払っています。それに、奥様の保険はご主人が、ご主人の保険は奥様が、それぞれきちんと把握されているほうがよろしいですね。それぞれ万一の時に、配偶者・家族のために保険は入るのですから。必ずお二人、お揃いの時にお時間をください」

Tさん　「わかりました。ぜひ、お願いします」

事例8
Aさん・女性・主婦（Kさんの隣人）
申し込みから8日以内なら撤回可能、でも解約時は慎重に

Kさん　「実は、うちの保険の担当者が義理の母の友達で、母がどうしても入ってあげてと強くすすめられて保険に入ったんです。8年前に加入したのですが、その時に隣のAさんを紹介してあげたんです。アカウント型終身保険の説明をきちんと聞いたら、Aさんはどうしただろうと気になって、聞いてみたんですよ。そしたら、新しい担当者です、よろしく、との挨拶で来た時に、やっぱり保険の変更を強くすすめられていて……」

Aさん　「そうなんです。たぶんいい保険なんだろうと思いこんでしまって、もう一昨日、契約してしまったのです。クーリングオフ制度とい

うものがあるとお聞きしたものですから、今なら間に合うかと思いまして、1週間以内なら解約できるんですよね」

保険の代理店「もうすでに契約されたんですね。ええ、クーリングオフ制度は生命保険にもあります。お申し込みの日から8日以内であれば、申し込みを撤回することができます。ただし、契約にあたって医師による診査を受けた場合には、申し込みを撤回できません」

Aさん「よかった。うちはまだ診査は受けていないので、大丈夫ですね？」

保険の代理店「転換で前の契約に戻るのであれば大丈夫です。一応前の契約に戻れるか保険会社に確認ください」

Aさん「どうしてですか？ Kさんにお聞きしたのですが、保険料が変わらない商品があるのであれば、今の保険は解約して、新しい保険に変えたいのですが」

保険の代理店「転換は同じ保険会社ですから、新しい保険が確実に成立してから旧い保険が解約されるように、保険会社がコントロールしてくれるので、加入者が無保険の状態になることはありません。ところが、保険会社が変わってしまったら、新しい診査を受けなければなりません。今の保険契約を解約してしまって、もし新しい保険会社の診査が通らなかった場合、無保険になってしまう可能性もありますので、解約は慎重に考える必要があります」

Aさん 「がん保険も10年以上前に入った保険なので、古いと言われたことがあるので新しい保険に変えようと思っているのですが」

がん保険には待機期間があるので特に注意！

保険の代理店 「がん保険は特に注意が必要です。がん保険には3か月の免責期間があります。現在のがん保険は診断給付金があったり、上皮内新生物の段階で給付されたり、通院だけの治療が出たり、先進医療などが付いていて、以前のがん保険よりも良くなってきてますね。

昔、がんは不治の病と言われていましたけど、今現在は早期発見や医学の進歩に伴って、決して不治の病ではなくなりました。そのため保障内容が充実しています。ただし、免責期間つまり待機期間があるんです」

Aさん
「え？　そうなんですか？」

保険の代理店
「待機期間というのは、保険が成立してから、90日間はがんと診断されても保障されない期間のことです。がん保険は自分で健康状態を告知する『健康告知』で入れる保険ですが、がんを発病していても自覚症状がないケースが多いため、自分はがんになっていると知らずに加入してしまうこともあります。それを防止し公平性を保つために、待機期間が設けられています。ですから、入り直したけど、発病して保障を受けられず、問題になるときがあります」

Aさん
「そうなんですか。知りませんでした。ではどうしたらよろしいですか？」

保険の代理店　「見直しをして、全く違う保険会社の保険に入るのでしたら、今までの保険が責任期間にあることを確認して、新たに加入した保険の成立が確認できてから、今までの保険を解約することをおすすめします。万一、転換が成立してしまっていても、新しい保険の契約成立日は翌月1日となります。契約保険料は翌月分の保険料ですから、新しい保険が成立してからその月中に解約すれば保険料がダブルこともありません」

Aさん　「新しい保険が翌月1日からだと、今の保険を解約してしまったら、解約日から翌月1日まで間があいてしまって、それこそ何も保障のない期間ができてしまうのではないですか？」

保険の代理店　「一応、保険契約日は翌月1日となっていますが、保険は〈申込書〉〈診査〉〈保険料〉が整った日から保険責任が開始されます。成立が確認されましたら、万一その間に給付状態が発生すれば、その日にさかのぼります」

Aさん　「それなら安心ですね。でも、がん保険は違うのでしょう?」

保険の代理店　「そうですね。がん保険だけは待機期間がありますので、がん保険は今までのがん保険に不足の保障部分だけを付けられるか確認し、もしできなければ、新しいがん保険の責任開始日までダブらせて契約状態にしていたほうが無難ですね」

Aさん　「確かにそうですね。よく保険が切れた途端にその病気になったって聞いたことがあります」

保険の代理店　「生命保険や医療保険などは、保険会社から証券が届いて加入できたということになりますから、今までの保険を解約する場合は、新しい保険に加入できてから解約してください」

事例9
70歳・男性・無職

保険を活用すれば、税金対策も万一の時も安心

保険の代理店　「Hさんは2013年から始まった、お孫さんへの教育資金の非課税の贈与制度をもう活用したそうですね」

Hさん　「そうなんだ。銀行のすすめもあってね、1500万円までの非課税枠をすべて活用したよ」

保険の代理店　「信託銀行などでも『教育資金贈与信託』として人気を集めているようですが、注意も必要ですよ」

Hさん　「ああ、知ってるよ。孫が30歳に達した時点で金融機関との契約は終了なんだろう。使い切れなかった部分については贈与税がかかるってことでしょ。銀行から説明を受けたよ」

保険の代理店「すでにご存じでしたか。ところで、Hさん教育資金贈与以外にも相続税対策があることをご存じでしたか？」

Hさん「何か他にも方法はあるのかい？」

保険の代理店「暦年贈与と言って、1人当たり年間110万円の基礎控除額以下なら贈与税の申告はいらないという制度です。1人当たり110万円ですので、複数のお子さんがいらっしゃれば、多くの財産を非課税で引き継ぐことができます。その制度を利用して生命保険を活用するのです」

Hさん「どうして生命保険なんだい？」

保険の代理店「銀行積立などの貯蓄は徐々に積み重なっていくのに対して、保険は徐々に積み立てていくと同時に、初めから保障の部分がありま す。保険は加入すれば、万一の時にその日から支払われますから」

Hさん「その通りだね」

保険の代理店「やり方としては、保険の種類は必ずいつかは受け取れる終身保険です。定期保険で加入して定期間が過ぎてしまったら、1円も残らなくなってしまいますから。そして契約者はお子さん、被保険者は親、受取人はお子さんにしてください。保険料は非課税枠の年払い110万円で設計します。この方法であれば、保険料を支払っているのはお子さんになりますので、財産とはみなされず、相続税の対象にはなりません。お子さんの受け取る保険金は一時所得として所得税の対象となりますが、課税されるのは、保険金から保険料を差し引いた金額に対してだけですし、一時所得は課税の際には優遇されていますので、支払う税金は安くなるはずです」

Hさん「そんな方法があったんだね」

保険の代理店「Hさんは今現在、払い済み終身保険に変更された部分が500万円ほどでしたね」

Hさん　「そうそう。あれは助かったよ」

保険の代理店　「Hさんに万一のことがあった場合、銀行口座は凍結され、引き出すこともも入金もできなくなります。光熱費等の口座からの引き落としも亡くなった方の口座からはできなくなります」

Hさん　「そうなのか。でも、凍結が解除になれば大丈夫なんだろう?」

保険の代理店　「そうですね。しかし、そのためには相続人全員の書類等の提出が必要ですから、すぐにとはいかないようです。生命保険は、受取人は亡くなった本人ではありません。ですから、保険金をすぐに受け取れ、助かります」

Hさん　「それは助かるね。少し増額も考えておくかな」

以上、紹介した事例は、ごく一部の例です。実際はもっと時間をかけ、複数の保険商品の内容や保険料の比較を行いながら、保険の加入あるいは見直しを考えている人に合わせた保険の検討を行っていきます。

◆これだけは気をつけたい7項目

①保障の目的別に主契約で加入するのがベスト ⬇ 87・122頁

②定期部分に比重の重い定期付き終身保険に注意！ ⬇ 70・123・176頁

③アカウント型保険には手を出すな！ ⬇ 72・135頁

④「見直し」から「転換」への誘導には注意！ ⬇ 75・191頁

⑤どんな保険であれ、解約は慎重に ⬇ 142頁

⑥無理のない保険料負担を守る ⬇ 79・90頁

⑦わからないときは
保険専門の代理店を活用しよう！ ⬇ 181頁

Column

なぜ生命保険には解約返戻金がある？

年齢が上がれば死亡率は高くなりますので、生命保険の保険料は１年ごとに上がっていくはずです。実際には、保険料は加入してから、払い込み終了もしくは満期まで一定額です。それは、保険期間の保険料総額を平均化して、毎回同じ金額を払い込むように設定されているからです。

そうすると、保険料を一定額に設定しているため、若い年齢の時、必然的に保険会社は保険料をもらい過ぎており、途中からはもらい過ぎていた保険料を取り崩していく形になります。その、もらい過ぎていた保険料を解約時点で払い戻すのが解約返戻金というわけです。

定期保険は掛け捨てと説明してきましたが、厳密に言えば、保険期間の途中であれば解約金が発生しますが、定期保険のように短い期間であれば、もらい過ぎている保険料が少ないので、解約金は少なくなります。

保険会社がもらい過ぎている保険料は必ず払い戻しがされるように、生命保険料は公平な保険料になっています。ちなみに、終身保険の保険料は、定期保険でいう 105 歳までの計算になっています。

第五章　おすすめの保険活用法

1．生命保険のおすすめ活用法

(1) 収入保障保険で
残された家族の生活費の保障

家族の生活を支えてくれていた配偶者が亡くなった場合にすぐに困るのは、収入がなくなることです。そういった場合、死亡保険金を分割で受け取れる（毎月あるいは毎年）収入保障保険に加入していると安心です。定期保険の一種ですが、年数の経過とともに、保険金額の総額も一定額ずつ減少していき、保障の形は三角形になります。そのため、保険料が安く設定され

収入保障保険（年金月額 10 万円、保険期間 30 年の例）

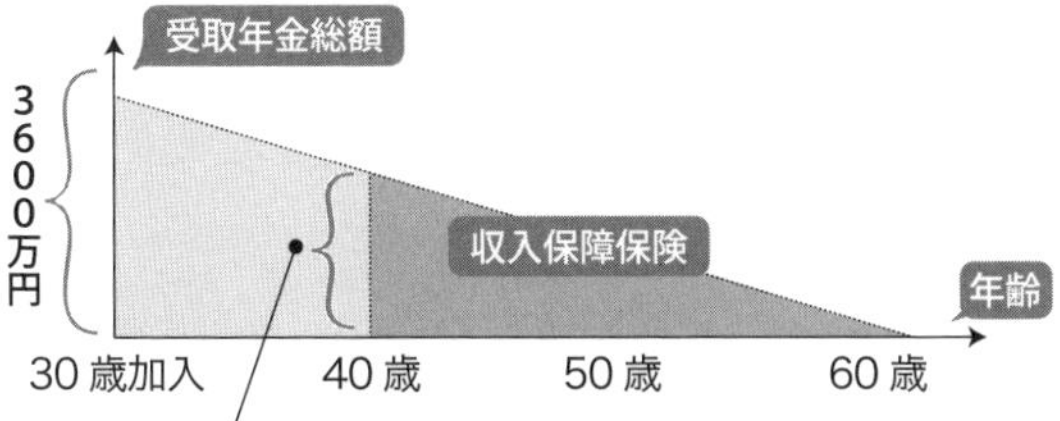

加入時点では、受取年金総額は 3600 万円。
加入 10 年後に亡くなった場合、年金月額 10 万円 ×12 ヵ月 × 残りの保険期間 20 年＝2400 万円が保険金の受取総額です。

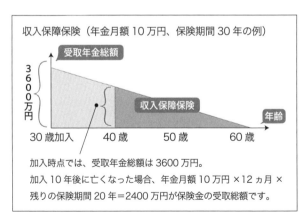

ているので保険料負担は軽くすみます。

(2) 中小企業の経営者は生命保険を法人で

生命保険の法人プランというと、大会社などと思っていらっしゃる方も多いと思います。中小企業の経営者の方なら有限会社・株式会社を問わず法人とすることで、税務上など有利な点があります。

ただし、契約者・被保険者・受取人を間違えてしまうだけで税務処理が違ってしまうので、ちゃんとわかっている方から加入しないといけません。生命保険を扱っている方なら誰でもいいとは限りませんので、注意が必要です。

①医療保険

解約返戻金なしタイプの終身医療保険では、契約者＝法人、被保険者＝役員、受取人＝法人とすることで、保険料を全額損金つまり経費で加入しても構わないとなっています。

加入方法は個人の医療保険と同じです。告知書の記入で加入が可能です。ただ、契約者と受取人を法人にするだけです。

受取人が法人なので、在任中は見舞金として受け取れます。

では、退任後はどうなるのでしょうか？

役員を退任される際などに、契約者と受取人を法人から役員個人に変更することができます。役員個人へ変更することで役員個人の一生涯の医療保障とすることができます。

また、保険会社によっては払込期間を10年間にしたり、勇退の65歳にしたりすることができますので、勇退後は保険料を支払わなくても一生涯の医療保障ができます。

ただし、契約時の受取人を役員にしてしまうと保険料は給料扱いとなり、損金では落とせませんので、注意が必要です。

※がん保険・医療保険の税務処理はよく変更になります。今回のこの内容はS保険会社が東京国税局に照会を実施し、「死亡保険金不担保特則付医療保険（2014）（保険期間：終身）の短期払法人契約の保険料の取り扱いについて、全額損金で取り扱っても構わない」との回答が出ています。

②低解約返戻型終身保険を活用した退職金プラン

企業の規模を問わず法人にしていれば、どなたでも加入できますし、保険の内容も個人の保険とかわりありません。個人でも同じ保険の種類は加入できますので、説明しますと「そんな保険があったの？」と驚かれます。法人プランは税務処理が違うだけなのです。

そして、従業員の退職金のことはよく聞くと思いますが、会社の経営者や役員でも、役員退職金が認められています。今現在、かけていない経営者の方は多いです。退職金を保険でカバーすることにより、有利な点があります。

それは、退職金にかかる税金が優遇されている点です。

退職金の有利な点は、退職所得とされ、他の所得とは別に計算される点です（合算されません）。また、退職所得控除も受けられますので、活用しない手はありません。

ただ、いくらでもよいというわけではありません。適正額というものがあります。

社長の場合は次のような計算式があります。

「最終報酬月額×在任年数×役位別功績倍数」

※例えばA社長40歳月収50万円、在任年数（70歳勇退）30年、功績倍数（社長×3）の場合　↓　50×30×3＝4500万円

つまり、4500万円までが適正額となります。

A社長は70歳勇退、契約者＝法人、被保険者＝社長、受取人＝法人、保険金額は3000万円、保険料の払込期間を70歳とします。

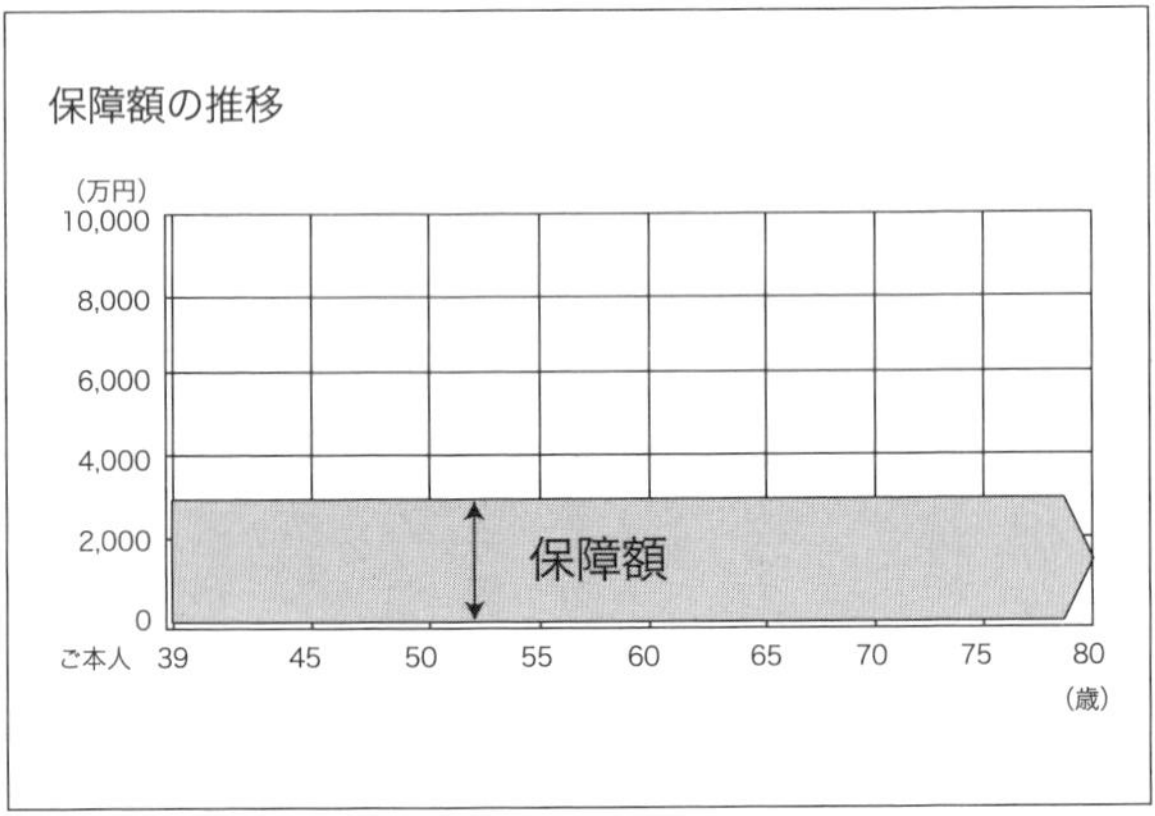
保障額の推移
（万円）
10,000
8,000
6,000
4,000
2,000
0
保障額
ご本人 39 45 50 55 60 65 70 75 80
（歳）

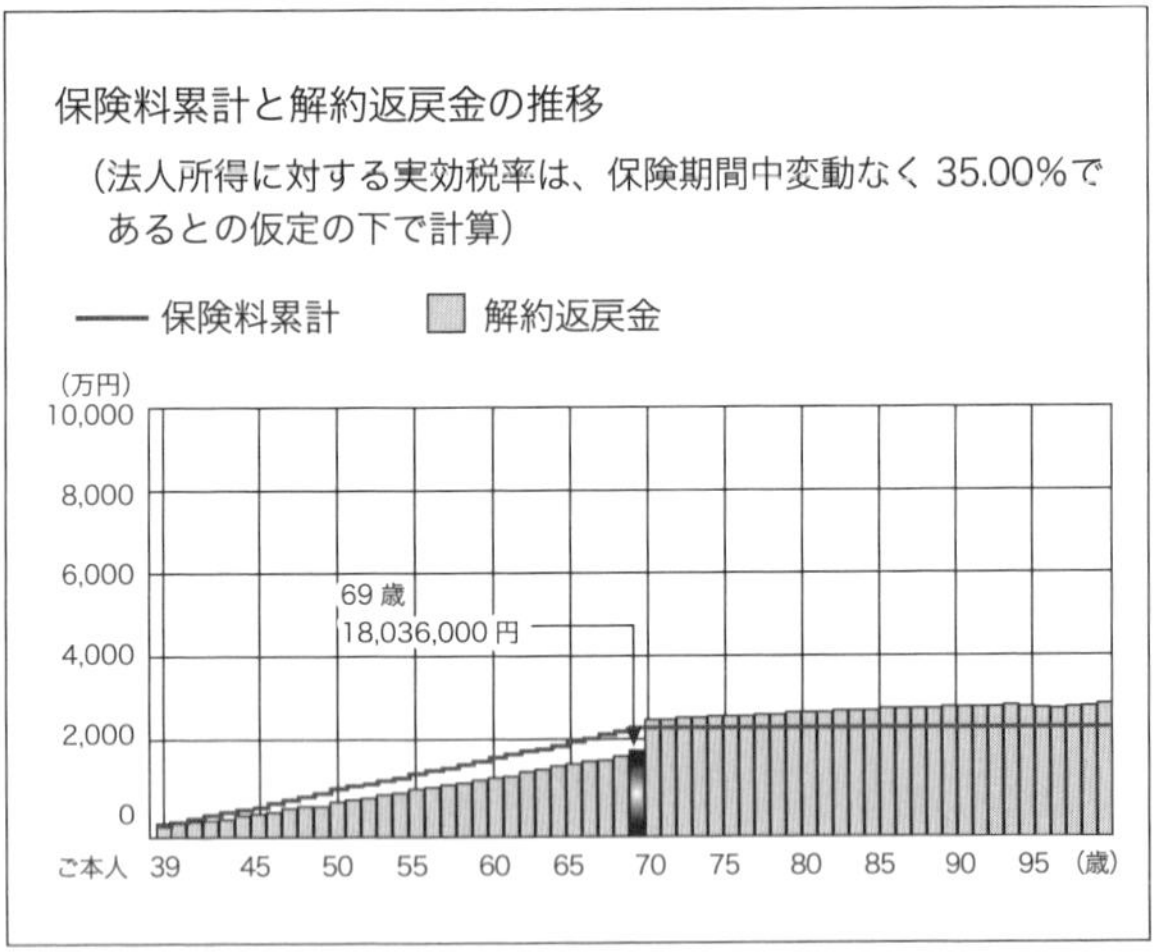
保険料累計と解約返戻金の推移
（法人所得に対する実効税率は、保険期間中変動なく 35.00%であるとの仮定の下で計算）
保険料累計
解約返戻金
（万円）
10,000
8,000
6,000
4,000
2,000
0
69 歳
18,036,000 円
ご本人 39 45 50 55 60 65 70 75 80 85 90 95 （歳）

ここで受け取りですが、通常退職金プランは、その保険を解約して解約返戻金から法人経由で受け取りますが、①の医療保険と同じです。退職金を保険で受け取ります。

その方法は、保険料払込期間満了の3か月前くらいが良いでしょう。退職金を保険証券で受け取ったからといって、税金を免れた訳ではありません。保険証券を受け取った時点での解約金相当額が退職所得とみなされます。つまり、図の69歳の1803万6000円です。

A社長は個人で3か月間だけ保険料を支払います。3か月支払い完了後の解約返戻金を見てください。70歳時点では2595万6000円、75歳時点では2687万4000円となります。こんなに利回りの良い金融商品は今現在ないでしょう。

そして、この保険は当然、終身保険ですので、死亡時にも企業は受け取れますし、弔慰金規定を設ければ、A社長個人も規定範囲内で受け取れます。

また、在任中の解約金もありますので、会社の資金繰りが難しい時など、解約金の約70％の貸付を受けることもできますので、流動性資産として検討しても良いでしょう。

(3) 相続税対策にも保険を有効活用

①相続税対策

大きな資産や土地を持っている方は、ご自身で資産を取り崩すことなく、または土地を売却せずに、保険で資産を守ることができます。相続税の課税部分を生命保険で手当てするという方法があるのです。

配偶者に万一のことがあった場合の二次相続の対策も同様です。

もう一つの方法として、子どもが契約者となり、親が亡くなった時に保険料を受け取ることで、節税することもできます。

これは、親から保険料を贈与してもらう方法です。年間110万円までは税金がかかりません。その範囲内で保険をかけるのです。

契約者＝子ども、被保険者＝親、受取人＝子ども、とします。

そうすると、万一の時に親が亡くなった時に、子どもが受け取るこの保険金は相続税の対象とはなりません。なぜなら保険料を支払っているのは子どもだからです。

そのため親の財産とはみなされません。

子どもの受け取る保険金は一時所得として所得税の対象になりますが、課税されるのは、保険金から支払った保険料を差し引いた金額に対してだけですし、一時所得は課税の際に優遇されていますから、支払う税金は安くなるはずです。

ただし、この時かける保険は必ず受け取れる終身保険にするべきです。

ここで、生命保険の税金についてもふれておきましょう。

親が自分にかけていた生命保険は相続税がかかります。しかし、相続人が受け取る保険金総額のうち、〔500万円×法定相続人の数〕までは非課税の枠が認められています。

例えば、法定相続人が3人の場合、死亡保険金額500万円×3人、つまり1500万円までは相続税がかかりませんので、相続税の金額を減らすことができます。

②亡くなった場合の急ぎの出費には生命保険が助かる

口座名義人が亡くなった事実が金融機関にわかると、預金口座がいったん凍結されます。すると、引き出すことも入金することもできなくなります。亡くなった方の預貯金は、亡くなった時点から「相続財産」となるからです。

解除は「誰が相続するか」または「誰がいったん代表として受け取るのか」が決まれば凍結は解除になります。ただ、「相続人全員」による必要書類の提出手続きが終了しない限り解除にはなりません。相続人全員ですから、すぐにというわけにはいかないです。

また、光熱費等の口座振替の場合も亡くなった方の凍結した口座からは引き落としができなくなります。

こういった場合、生命保険の受取人は亡くなった本人ではありませんから、保険金をすぐに受け取れます。ですから助かりますね。

2. 損害保険のトクする入り方

(1) 火災保険――10年以上の長期契約は平成27年9月まで

火災はもらい火などの延焼や類焼は免れたとしても、消火活動などで影響を受けて家財がだめになることがあります。その場合、「失火責任法」により火元の方に損害賠償を請求できないことは、第一章で触れた通りです。

ですから、建物・家財の自分の財産は火災保険で任意に守らなくてはなりません。

そこで、少しでもトクする方法を説明したいと思います。

まず、火災保険は短期（例えば1年間）より長期の方がお得です。ただし、地震保険は最長5年間です。基本の建物・家財の火災保険は36年間まで加入できます。ただし、それは平成27年9月まで。平成27年10月以降は最長でも10年までとなります。台風・竜巻・土砂崩れなど、最近の自然災害での被害が多く、10年以上の長期保険料の算出が難しいからです。長期にするなら、早めに検討されることをおすすめします。

また、火災保険の補償は火災だけでなく、次の6項目にも及びます。

①火災・落雷・爆破・破裂
②風災・ひょう災・雪災
③水濡れ・外部からの物体落下等・騒擾
④盗難　⑤水災　⑥破損・汚損等

さらに、①〜⑥の補償以外に罹災時諸費用が含まれます。

火災保険の補償内容とプラン別保険料

（所在地：千葉県・木造　保険金額：建物2000万円）

補償内容		プラン1	プラン2	プラン3
損害保険金	火災、落雷、爆発・破裂	○	○	○
	風災、ひょう災、雪災	○	○	○
	建物外部からの物体の落下・飛来・衝突等、給排水設備に生じた事故等による水漏れ	○	○	○
	騒擾・集団行動等による破壊行為等	○	○	○
	盗難	○	○	○
	水災	○※	−	−
	不測かつ突発的な事故（破損・汚損等）	○	○	○
	通貨・乗車券等・預貯金証書の盗難	−	−	−
	地震・噴火・津波（地震保険）	○（建物のみ）	○（建物のみ）	○（建物のみ）
費用保険金	罹災時諸費用（支払割合・限度額は特約等を確認要）	○	○	−
	残存物取片づけ費用	○	○	○
	特別費用	○	○	○
	損害防止費用	○	○	○
	地震火災費用	○	○	○
	修理付帯費用	−	−	−
保険期間		プラン1保険料	プラン2保険料	プラン3保険料
1年間		36,780円	24,020円	22,360円
5年間		158,160円	103,320円	96,180円
10年間		301,620円	197,020円	183,420円
30年間		789,000円	515,380円	479,800円

※保険金の支払いには条件があります。

また、保険会社によっては⑤の水災と罹災時諸費用を外すことができます。

水災とは、台風・暴風雨・豪雨等による洪水・融雪洪水・高潮・土砂崩れ等で、保険の対象に建物評価額の30％以上の損害が発生した場合、または床上浸水もしくは地盤面より45㎝を超える浸水を被った場合に保険金の支払いがあります。

前頁の表は千葉県・木造・1戸建て・新築2000万円の専用住宅の保険料（F社）比較です。

プラン1はフルカバーの補償内容です。プラン2はプラン1の補償から水災を不担保にした補償プランです。プラン3はプラン2からさらに罹災時諸費用を不担保にしたプランです。それぞれのプランの保険期間1年・5年・10年・30年の保険料比較となります。

表を見れば、長期契約のほうが割安であることは一目瞭然です。ただし、10年以上の契約は平成27年9月までの契約となります。それ以後も10年契約はできますので、退職金や予定にないお金がある場合は検討してもよろしいのではないでしょうか?

プラン2とプラン3は補償を削っていますので、十分な検討が必要です。

特に水災不担保は、先日の広島県の土砂崩れ災害も水災ですので、近くに川がないなどだけで判断をされないほうが賢明です。

(2) 自動車保険

自動車保険料が安くなる方法として、運転年齢条件を設定する(21歳以上限定・26歳以上限定・36歳以上限定)・運転者を限定する(家族限定・本人配偶者限定・本人限定)などはよく耳にする割引方法かもしれません(本人限定はゴールド免許の時に限ります)。

ここでは、一家で車を2台・3台とお考えの方にトクする方法をご紹介します。

セカンドカー割引の効果

		「運転者年齢条件特約」対象の場合				運転者年齢条件特約対象外の場合
		年齢を問わず補償	21歳以上補償	26歳以上補償	35歳以上補償	
セカンドカー割引が適用される場合	等級	7等級（S）				
	割増引率	割増	割引	割引	割引	割引
		11%	11%	40%	40%	39%

その差14%～43%

セカンドカー割引が適用されない場合	等級	6等級（S）				
	割増引率	割増	割増	割引	割引	割増
		28%	3%	9%	9%	4%

※条件等については、そのつどご確認ください。

①セカンドカー割引

現在の車の保険の無事故等級割が11等級以上であり、ご自身やご家族のうち、どなたかが新しい車を購入される時、通常の新規保険加入の等級割引6等級ではなく、セカンドカー割引7等級を適用できる場合があります。

②車をもう1台買い増した時のお得情報

例えば、子どもが新しく車を購入した時に、新しく購入された車を無事故割引の等級の高い（割引率の高い）契約に入れ替えて、現在の車を新規契約として加入する

車両入れ替えでお得に

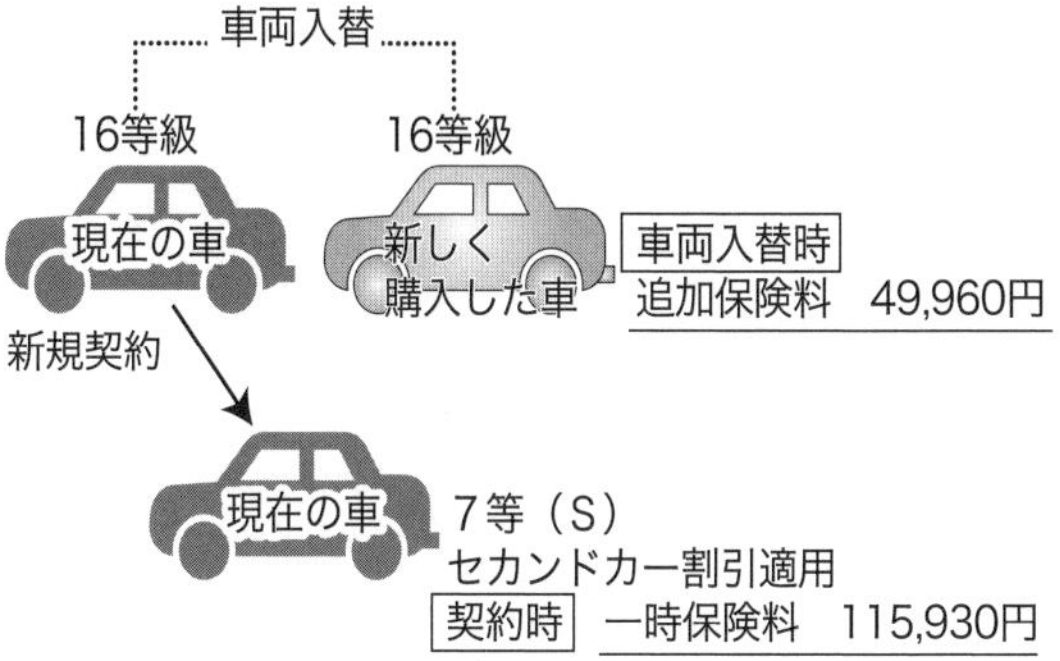

保険料負担　合計　165,390円

通常どおり新しく購入した車を
新規に契約すると、
セカンドカー割引が適用されますが、
契約時の一時払保険料が263,280円

263,280円
-165,390円

97,890円も
安くなります

※条件等については、その都度ご確認ください。

ことで、保険料負担が小さくなることがあります。「セカンドカー割引」も使えれば、さらに保険料負担は小さくなります。

③人身傷害保険があれば搭乗者傷害保険はいらない

人身傷害保険と搭乗者傷害保険の違いがわからない、と質問されることがよくあります。

人身傷害保険とは、自動車事故よりご自身・ご家族・搭乗中の方が死傷した場合に補償されます。治療関係費だけでなく、休業損害、精神的損害、逸失利益等、幅広く補償されます。賠償能力のない車との事故であったり、こちらの過失割合責任がある部分についても支払われます。

それに対し、搭乗者傷害保険は同じく車に搭乗して死傷した場合に支払われますが、入通院日数や死亡・後遺障害は契約で決められた金額となります。加入していれば、人身傷害と合わせて支払われますが、人身傷害保険で十分補償されていますので、人身傷害保険に加入していれば搭乗者傷害保険は付けなくてもよいでしょう。

Column

聞いてビックリの最近の話

ある会社社長の保険の話です。

今までは先代の社長夫人が現社長（息子）のために生命保険に加入していました。今後は保険も現社長夫人に引き継ぐことになり、現社長夫人がその保険証券を見たところ、保険期間が一生涯（終身）ではないことになんとなく気がつきました。それで、「この保険どうなっているの？」との相談がありました。

拝見したところ、日本の生命保険会社の『3年ごと利差配当付き利率変動型新積立保険』となっています。主契約・保険期間は終身、払込期間は終身、保険料はなんと 100 円！　一方、特約部分は、保険期間 10 年、払込期間 10 年、更新限度 80 歳まで。合計保険料は3万 1516 円でした。

つまり『3年ごと利差配当付き利率変動型新積立保険』と銘打ちながら、積立部分はたったの 100 円。その他3万 1416 円は 10 年更新型の定期特約、つまり掛け捨てということです。

私の説明を聞いて、現社長夫人は帰られましたが、現社長が「相当ひどい保険みたいだぞ！」と伝え、お母様は焦っているとの話でした。

第六章　保険は出口と入り口が大切

1. 受け取るべき保険金をきちんと受け取るために

保険には、加入するときの入り口、そして実際に病気になったり、けがをしたり、亡くなったり、あるいは事故に遭ったときの保険金請求という出口があります。

現在、ほとんどの方が入り口に重点を置き、出口まで考えていない方が多いように感じます。つまり、保険に加入したところで満足し、保険金請求までをきちんと考えている方が少ないようです。

(1) 請求がなければ保険金は支払われない

保険金は受取人からの請求がない限り、支払われることはありません。ごく当たり前のことなのですが、請求もれで保険金が支払われないままというケースは少なからずあると思っています。死亡保険では、本人がどんな保険に入っていたかを家族が知らずに起こる請求もれもあります。ちなみに保険金請求の時効は3年です（いつの時点から3年かは保険の種類によって異なります）。

高い保険料を払って加入している保険です。請求もれが起こらないように、事前に対策を講じておきましょう。

(2) 家族で保険の話をしよう

家族がめいめい自分の判断で職場なり、インターネットなりで保険に加入していて、互いにどんな保険に入っているかを知らないということはままあることではないかと思います。

例えば、誰かに万一のことがあっても、保険に入っていたことすら知らない、どこのどんな保険で、保険証券のしまい場所も知らないでは、家族は速やかに保険請求ができません。

こうした事態を避けるためには、必ず家族で保険について話し合う機会をもち、家族の保険を確認してください。

これは保険金を確実に受け取るためにも必要なことですが、夫の保険でカバーできているのに、妻が重複して保険に入っていたというような無駄を発見できたり、逆に不足している部分も見えてきたりします。家族で少しでも保険料を安くし、安心な保障を得るためには大変重要なことですから、ぜひおすすめします。

また、保険証券のしまい場所も確認しておきましょう。

2. 保険の入り口をどこにするかがカギ

請求もれを招くもうひとつの原因として、加入したときに保険の内容をよく把握していなかった、あるいは忘れてしまった、ということがあります。

（1）さまざまな保険の入り口

今現在、保険商品は、保険会社の営業職員や生保レディーと言われる保険外交員によって行われている対面販売、保険代理店や銀行、自動車ディーラーなどの窓口販売、そして郵送やインターネットによる通信販売、この3つの方法で販売されています。

保険の入り口としては、保険商品を熟知し、保障内容などを丁寧にわかりやすい言葉で説明してくれ、また、契約後の相談にも柔軟に対応してくれるところが理想的です。

この点から言えば、3か月程度の研修を受けただけで、保険のパッケージ商品をひたすら売っている保険外交員や、別に本職があってその片手間に保険を売っている銀行、自動車ディーラーの窓口担当者は、決して保険を熟知して販売しているわけでもなく、契約後にまた相談したいと思った時に、同じ担当者が必ずしも同じ場所にいるとは限りません。それに、彼らがお客様の希望や状況に応じた商品よりも、販売する側の営業実績アップや手数料収入アップにつながる商品の販売に熱心になるのは自然の成り行きで、あまりおすすめできません。

また、郵送やインターネットの場合は、手続きが簡単で保険料が安いという点に目がいきがちです。保険の営業担当者を相手にする煩わしさもありません。一方で、自分で長々とした難しい説明文を読むだけで契約するか否かの決断をしなければならず、あとで「こんなはずでは」といったことが起こっても完全な自己責任です。また、通信販売で扱われる保険商品はシンプルな商品とうたわれていますが、ものは言いようで、裏を返せば自由のきかない保険商品ということになり、保険にうといお客様にとっては落とし穴にはまるリスクの高い入り口と言えます。ですから、これも保険の入り口としてはおすすめできません。

では、保険専門のプロ代理店はどうでしょうか？　保険専門のプロ代理店でしたら、たいてい生命保険・損害保険両方の保険知識も豊富です。お客様と直接話しながらさまざまな保険商品を検討し、お客様の希望と状況に合わせた保険を設計・提案することができます。保険の入り口としては、最も有効と言えると思います。

（2）保険代理店もさまざま

保険専門のプロ代理店と言ってもさまざまです。

大手生命保険会社専属の代理店の場合、ほとんどは1社専属の保険外交員として営業しています。また、損保系代理店では、損保1社・生保1社を扱う専属代理店と数社の保険会社を取り扱う乗合代理店があります。

よく見かける来店型保険ショップなどは、この乗合代理店になりますが、私の見る限り、生命保険を主体に販売しており、損害保険も取り扱っていますが、あまり力は入れていません。自動車保険などの事故処理が大変なことから、損害保険には力を入れていないのではないかと考えます。

また、来店型ショップではなく、各企業や個人顧客を訪問販売先として、損害保険・生命保険を含めて、複数の保険会社を取り扱って全国展開をしている代理店もあります。

とはいえ、代理店はこのような販売形態だけでなく、営業姿勢や人材の能力・質などこそ重要な要素となります。

残念ながら、お客様を無視した保険商品の強引な販売によって、保険会社から手数料を得て利益を上げている代理店も少なからず存在します。そういった不届きな代理店とは対極の、良心的な代理店も存在します。保険会社からの手数料収入が主な収入である保険の代理店が、そもそも公正・中立なアドバイスができるわけがない、というのが多くの保険解説本の論調ですが、必ずしもそうとは限りません。

確かに保険の代理店は保険会社からの手数料収入が主な収入です。複数の保険会社の保険商品を取り扱っていても、キャンペーンと称して特定の保険会社が展開する手数料アップキャンペーンにのって、その月だけ特定の保険商品を集中して売る代理店、担当者も存在します。加入する時だけ熱心で、契約してしまえば、後のことは我関せずといった代理店、担当者も存在します。そこは、加入者の見きわめに尽きます。

（3）損保系代理店をおすすめする理由

①損保系代理店には保険のプロがいる

1998年の自由化により、損害保険会社もほとんどが生命保険会社（損保系生保会社）を設立し、生命保険商品を取り扱っています。

私の見る限り、どこの損保系生保会社にも優れた保険商品があります。

そのため、損保系代理店は生命保険、損害保険、どちらにも精通する必要があり、損害保険と生命保険両方の資格を持っています。つまり、リスク&ライフのマネージメント（補償と保障）のできる保険のプロがいるということです。

②損保系代理店が信頼できる理由

損保系代理店が信頼できる理由としては、損害保険と生命保険の両方を熟知した保険のプロがいるということと、お客様との信頼関係を結びやすいということがあります。

損保系代理店は自動車保険・火災保険が主力ですので、毎年、継続手続きで保険加入者と顔を合わせます。ですから、変な生命保険は紹介できないのです。そうでないと、肝心の自動車保険・火災保険も落とすことになるからです。

そういった損害保険の更新手続きのついでに、加入している生命保険の再確認や見直しの相談が安心してできます。また、保険金の請求もれがないかなど、損保・生保を問わず気軽に何でも相談ができるわけです。請求できるのに、面倒くさい、まさか出るとは思わなかった、などということが意外とあるものです。また、家族でばらばらに入ってしまった保険を確認したい時、相談すれば何が重複していて無駄で、何が十分でないかといったことについても助言してくれるはずです。

そのようにして、長年付き合いをしますと、保険加入者の家族構成や生活環境、状況などもおのずとわかってきますし、信頼関係ができあがってきます。

身内のがんの看病や介護の苦労など、飛び込みで入った保険ショップやその日初めて会った保険代理店にはなかなか話せるものではないと思います。毎年顔を合わせ、何年も付き合いのある保険代理店だからこそ相談できるということがあります。

③損保系代理店をおすすめするもうひとつの理由

２００８年のこと、小学生が自転車に乗っていて散歩中の女性と接触し、女性は寝たきり状態になりました。裁判所は、その小学生の親に９５００万円の損害賠償を命じました。

２０１３年には、飼い犬のドーベルマンが同じマンションの住人に咬みつき、住人が転居したために賃料収入を失ったとして、某俳優夫妻がマンション管理会社から損害賠償を求めて訴えられました。結果は、控訴審判決で１７２５万円の支払いを命じられています。

このように、個人でも高額な損害賠償事例がでてきています。自転車と歩行者の接触事故のほか、ペットが原因で起こる近隣とのトラブルや騒音問題、ゴミ問題等トラブルは増えてきています。

企業には、顧問の弁護士や税理士がいるのは珍しくはありません。海外では、企業に限らず個人でも顧問の弁護士や税理士、ファイナンシャルプランナーを付けていることも多いです。今の時代、私たち一般市民でも、そういったプロの人たちに相談したいと思う場面がないわけではありません。

その際に、損害保険と生命保険の両方に通じ、リスク（補償）とライフ（保障）の両面から的確なアドバイスをできるのが保険専門のプロ代理店なのです。

ちなみに、自転車事故の賠償などは損害保険の個人賠償保険（特約として自動車保険・火災保険に付保も可能）があり、保険金額1億円、保険料は約2000円で加入できます。そんな保険があることは、ネットなどでは案外知られていません。

（４）頼りになる保険のプロをさがそう

①良い代理店・悪い代理店の見分け方

では、良い代理店を見つけるには、どうしたらよいでしょうか？

まずは、信頼できる方、両親、会社の先輩、友人で、プロの保険の代理店を知っている方がいらしたら、紹介してもらうのが良いでしょう。紹介された人が本当に信頼できる代理店かどうかは、あなたが判断することです。

まず、直接会って丁寧に話を聞いてくれる人が良いですね。すぐに保険の説明をしてくる場合、あまり良い代理店とは言えません。

紹介されたからといって、必ず契約しなくてはいけない、契約しないと悪い、などと思わなくても大丈夫です。正直に「検討させてください」と言えばよいのです。「もちろんです。十分に検討してください」と言ってくれるなら、信頼できます。

もっと言えば、説明のときに、「社会保険」の説明から丁寧にしてくれる人の方が良いですね。

初めから、「万一の時は、1億円が必要ですね」などと説明してくる代理店は、避けるに越したことはありません。


保険を見直したいときに、すべてを解約させられて、見直された。または、現状の保険に疑問を抱き、見直したいときに転換させられた。こういったケースもよく耳にします。こんな代理店は、私からすれば代理店の風上にもおけません。

「転換」の見破り方としては、保険契約日が元の保険の契約日ではなく、現在の新しい日付になって設計されています。本当の見直しであれば、減額や一部解約の場合、契約日、証券番号はそのままです。

「転換」は今までの保険を解約して、新しい保険に入り直すことです。販売する側からすれば、新規契約を取ったのと同じですから、転換させたくなる気持ちも分からなくはありませんが、あまりに強引な手口と言わざるを得ません。転換をすすめられた時には、違う代理店に相談されるのが無難です。

また、利率の良かった時の終身保険をすべて解約して、「新しい保険に入った方が良い」と提案してくる代理店は要注意です。

良い保険は解約せずに取っておくか、半分減額して終身保険はそのまま続けましょう、とアドバイスしてくれる代理店が良いですね。

②どうしたら探せるの？
日本損害保険協会の２０１３年度代理店統計によると、代理店数は19万２００７店、募集人従事者は２０５万２１７６人となっています。

代理店数は、１９９６年で62万３７４１店ありましたので、大幅に減少ですが、募集人従事者は約１２０万人でしたので、合併などによる大型代理店が増えたということです。その中から探すのは、容易ではありませんよね。

一番は、やはり信頼できる親、友人・知人などから紹介してもらうこと。または、インターネットでの検索、また、一つの方法として、自分の加入している自動車保険・火災保険を担当しているのが保険専門の代理店なら、そこで聞いてみるのも良い方法だと思います。あるいは、近くの損害保険会社の支店に電話をして、近くの優秀な代理店を紹介してください、と聞いても良いでしょう。

生命保険は一生の付き合いになります。その時に応じて適切なアドバイスをしてくれる、信頼できる保険の代理店が身近にあれば安心です。医者にたとえるなら、「かかりつけ医」のようなものです。

ぜひ一度保険の代理店の門をたたいてみてください。なんだか信頼できないな、と感じたら、また別の代理店を訪ねてみましょう。そのうちに、信頼するに足る代理店が見つかれば万々歳です。

Column

東日本大震災と保険代理店の果たした役割

記憶にも新しい2011年3月11日に東日本大震災がありました。

被災された方々は、保険どころではありませんでした。保険会社としても加入者の名前はわかりますが、安否および罹災されたかどうかまでは、本人から連絡がなければ確認はできません。

突然のことですから、保険加入者もどこの保険会社のどんな保険に加入していたか、はっきり覚えている人は少なく、証券が失われてしまえばなおさらです。

そんな時、地元の保険代理店さんは、自分の事務所も津波で流され、家族も被害に遭っているにもかかわらず、お客様と保険会社とのパイプ役として、お客様の安否確認・罹災状況の確認に努められたと聞いております。

お客様のなかには地元を離れ、他地域・他県に避難された方もおられます。そんな状況でしたが、日頃の密なつながりから、携帯電話を頼りに安否と罹災状況を把握し、保険会社に対して一日でも早い保険金請求ができるように全力を注がれたなど、保険代理店の果たした役割は大きなものでした。

エピローグ

日本は少子高齢化が進み、国の財政も悪化し、今後、公的年金はどうなるのか、医療費の負担が上がるのではないか、さらに地球温暖化が進み、自然災害がいっそう増えるのではないか、といった不安要素が増すばかりです。

このような状況で、保険に入っていて助かったと感じた経験をもつ方も多いはずです。

保険は不測の事態の備え、転ばぬ先の杖として、あなたの、そして、あなたの家族の頼もしい味方となってくれるものです。ただし、保険に入ったからといって安心というわけではなく、もらえると思っていた保険金がもらえないという予想外のトラブルも起こります。また、保険料の支払いがあなたの生活を圧迫するものであっては意味がありません。

自分で保険の知識をもつ、また、良き保険の道案内となる代理店を利用することで、自身の暮らし・状況に最も相応しい保険に加入していただきたいと思います。

あとがき

インターネットの保険サイトをのぞけば、いろいろな保険商品の比較ができる時代です。わかりやすいのは保険料ですから、どうしてもそちらに目がいきがちです。でも、実際加入するとなったら、検討すべきことはそれだけではありません。一人ひとりの人生が違うように、保険も人それぞれに合った保険があると私は考えます。保険に加入し、あとになって疑問をもったり後悔したりする前に、本書を一読されてから保険に加入し、将来「保険に入っていてよかった」と思っていただければ幸いです。

本書の執筆にあたり、「子どもがいる主婦にとって保険料は大切よ！」と一般の主婦目線でアドバイスをいただいた野口典子さん、そして、この20年余りの間、私と一緒に保険を考え、加入していただきましたお客様に感謝申し上げます。また、今回執筆の機会を与えていただいた、株式会社メトロポリタンプレス社の深澤徹也社長、本の形にまとめ上げていただいた、株式会社プラス・ワンの森真平さん、酒井久枝さんに心より感謝申し上げます。

和田正孝（わだ・まさたか）

リスク＆ライフコンサルタント
インスクエア㈲　代表取締役
保険代理店業
㈱ジャパンインシュアランスエージェント
取締役

平成７年大手損害保険会社の営業職、
平成 11 年損害保険・生命保険の代理店として独立。
平成 23 年全国展開の損保・生保乗り合い代理店である株式会社ジャパンインシュアランスエージェントに参加し、保険代理店業を移管。
現在までに 500 名以上のお客様と直接接してリスク＆ライフコンサルタントとして、「それぞれの家庭・それぞれの企業のリスク＆ライフスタイルは違う。当然保険の内容も個々に違う」をモットーに、それぞれのお客様に合う保険提案に取り組んでいる。

「保険」のはなし
――保険の加入・見直しの前に知っておくこと

2015年5月9日　初版第1刷発行
著　者　和田正孝
発行者　深澤徹也
発行所　株式会社メトロポリタンプレス
〒173-0004　東京都板橋区板橋3-2-1
TEL.03-5943-6430　FAX.03-3962-7115
http://www.metpress.co.jp
印刷・製本　株式会社ティーケー出版印刷

ISBN978-4-907870-12-6　C0233